www.magisterio.com.co

Catalogación en la publicación – Biblioteca Nacional de Colombia

Camacho Sanabria, Carmen Amalia
    Formación por competencias: fundamentos y estrategias
didácticas, evaluativas y curriculares / Carmen Amalia Camacho
Sanabria, Sandra Milena Díaz López. – Bogotá : Editorial
Magisterio, 2013
    p. – (Gestión)

Incluye bibliografía

ISBN 978-958-20-1085-0

    1. Competencias educativas 2. Currículo 3. Pedagogía I. Díaz
López, Sandra Milena II. Título III. Serie

CDD: 370.07 ed. 20   CO-BoBN– a835151

Carmen Amalia Camacho Sanabria
Sandra Milena Díaz López

Formación por competencias

Fundamentos y estrategias didácticas, evaluativas y curriculares

Colección Gestión

Título: *Formación por competencias. Fundamentos y estrategias didácticas, evaluativas y curriculares*

Carmen Amalia Camacho Sanabria
Sandra Milena Díaz López
©

Libro ISBN: 978-958-20-1085-0

© (2013) COOPERATIVA EDITORIAL MAGISTERIO
Diagonal 36 Bis (Park Way) No. 20-70
PBX: 338-3605
Bogotá, D.C. Colombia
www.magisterio.com.co

Envíe sus comentarios y sugerencias a: info@magisterio.com.co

Contenido

desarrollar el pensamiento creativo, (119); Acciones didácticas para desarrollar procesos de organización, producción y socialización de conocimientos, (127); Acciones didácticas para el desarrollo de habilidades interpersonales, (130); Acciones didácticas para el desarrollo de habilidades metacognitivas, (134).

Prólogo

La instrucción, hablada y representada, por medio de la palabra o de la demostración ejemplar, es evidentemente tan antigua como la humanidad. No puede haber sistema familiar ni social, por aislado que esté y por rudimentario que sea, sin enseñanza y discipulazgo, sin magisterio y aprendizaje consumados. Pero el legado occidental tiene sus fuentes específicas. Hasta un punto que resultan asombrosos, los usos, los motivos que siguen poniendo en práctica nuestra instrucción, nuestras convenciones pedagógicas, nuestra imagen de Maestro y sus discípulos, junto con las rivalidades entre escuelas y doctrinas enfrentadas, han conservado sus peculiaridades desde el siglo VI a. C.

George Steiner.[1]

La tarea de educar es, y ha sido siempre, muy compleja, tanto para los Estados, como para los Sistemas Educativos y las instituciones sociales que asumen la tarea de facilitar y guiar los procesos educativos formales y no-formales, como de los directivos y docentes que se constituyen en los artífices de la formación de infantes, niños, adolescentes y adultos en una sociedad.

Los Estados y los Sistemas Educativos de un país, deciden qué tipo de ciudadanos requiere su sociedad, con base en los principios que fundamentan su existencia y en el marco de sus características, necesidades y proyecciones; por su parte, las instituciones educativas, en forma contextualizada, interpretan las directrices que reciben y ejercen, con el apoyo de la familia y otras instituciones sociales, la inconmensurable tarea de educar.

Pero, ¿qué implica educar? En el ámbito de la educación formal y no-formal, se asume como un proceso muy complejo, de filigrana, a través del cual los alumnos -infantes, niños, adolescentes y adultos- despliegan sus características y potencialidades, y se van construyendo en las personas que deben, pueden y quieren llegar a ser, como miembros de una familia, comunidad, nación y del mundo en general, en un contexto de globalización.

Para el desarrollo de la tarea de educar, la formación de los maestros implica una enorme responsabilidad; pero a pesar de todo lo que se ha teorizado, de todos los ensayos y experimentos pedagógicos al respecto, los resultados dejan mucho que desear porque generalmente la especialización por niveles de formación, o por áreas del conocimiento, impide percibir y comprometerse con la globalidad y la complejidad de la formación in situ,

---

1   Steiner, G. (2011). Lecciones de los Maestros. Cap. I. Orígenes Perdurables. Barcelona: Random House Mondadori. p. 17.

es decir en el aula de clase, que es donde en concreto se hacen realidad los fundamentos de la educación, las políticas, los propósitos, los objetivos y los logros, es decir las competencias que se espera que construyan los alumnos en sí mismos, para sí mismos, para su comunidad y para su sociedad.

Es aquí, específicamente en donde cobra un inmenso valor el trabajo de las maestras Carmen Amalia Camacho Sanabria y Sandra Milena Díaz López. Si bien es cierto que en su contenido el texto da un justo valor a las teorías educativas, pedagógicas, curriculares y didácticas, rescata y equilibra su sentido frente a la totalidad de un proceso de formación que debe ser pertinente y adecuado a las características, necesidades y proyecciones de contextos sociales específicos; a los desarrollos del conocimiento científico y tecnológico, pero también, a los saberes y prácticas socioculturales y obviamente a las características, necesidades y propósitos de vida de los educandos. Lograr esa pertinencia y adecuación de las propuestas educativas, requiere de algo más que una o varias teorías aunadas y muchas alternativas de estrategias, técnicas, instrumentos y recursos que permitan hacer realidad la formación de personas con las competencias que realmente requiere cada individuo y la sociedad de la cual forma parte.

Desde esta perspectiva, este trabajo constituye un aporte pertinente para la formación de maestros, no solamente para la educación básica y media, sino para otros niveles de docencia. La visión y acción articuladora que propone el texto entre las características, necesidades y proyecciones de los contextos, las políticas educativas, los instrumentos normativos para lograrlas, el diseño de un currículo pedagógicamente fundamentado, el manejo de procesos didácticos para el logro de aprendizajes y competencias, y la verificación de su logro, permite que directivos escolares y maestros se contextualicen e identifiquen el sentido de sus roles y responsabilidades en la tarea de formar a sus alumnos en el ámbito institucional.

El valor del trabajo se incrementa con la propuesta específica de medios, herramientas e instrumentos con propósitos determinados para el logro de aprendizajes y competencias previstas. Su utilidad es fundamental y pertinente tanto para la formación como para el desarrollo profesional permanente de maestros a diferentes niveles de educación.

La calidad de este trabajo responde a los atributos personales y profesionales de las autoras, verdaderas maestras que han ejercido roles fundamentales en la formulación de políticas educativas, en el desarrollo de proyectos de investigación en educación, pedagogía, didáctica, lingüística y literatura; en el adelanto de proyectos de reforzamiento profesional de docentes; mientras, como docentes universitarias, han sido consultoras en educación, en funciones de dirección universitaria, y en el proceso de su trabajo como docentes, han sostenido permanente contacto con la realidad de los procesos de enseñanza-aprendizaje en el aula, en los diferentes niveles de educación en el país.

Julia Mora Mora
Doctora en Currículo e Instrucción
University of Florida, U.S.A

Algunas consideraciones iniciales

Las grandes transformaciones del mundo son consecuencia de las pequeñas ideas y sueños de quienes las hacen posibles, a través del trabajo diario y de la reflexión constante sobre las implicaciones que cada acción cotidiana tiene en el cambio positivo o negativo de las vivencias y construcciones colectivas. En el ámbito educativo esta realidad es aún más evidente, pues la formulación de políticas educativas o documentos institucionales no garantizan per se la superación de las problemáticas asociadas a los procesos formativos, y mucho menos el alcance de la "calidad" prevista; pues como todos sabemos, es el aula el espacio esencial, tanto de la formación de los sujetos como de las transformaciones sociales.

En este sentido, a partir de la convicción de que es posible superar los actuales problemas que afronta el sistema educativo y social de nuestro país, y de la posibilidad de vivir y sentir la educación en diferentes escenarios (formulación de políticas educativas, diseño de programas de formación para docentes, dirección de programas educativos, desarrollo de proyectos de investigación y esencialmente experiencias de aula), surge el interés por proponer alternativas concretas que le permitan a las comunidades educativas dar vida a los fines y propósitos de la educación explícitos en normas nacionales, gubernamentales e institucionales.

En consecuencia, el propósito de este libro, resultado de años de investigación, es presentar, tanto a las instituciones educativas, como a los docentes, estrategias y herramientas para la estructuración e integración de lo curricular, lo pedagógico y lo didáctico en la perspectiva de la formación por competencias; desde una mirada que trasciende lo meramente técnico, para adentrarse en la conformación de un ser humano capaz de asumirse en todas sus dimensiones y comprometerse con su propio desarrollo y con la transformación positiva de las problemáticas de su entorno.

En consonancia con lo anterior, este libro ha sido organizado pensando en las necesidades y expectativas que las instituciones educativas deben atender para dar cumplimiento a las propuestas normativas en relación con la formación por competencias; en esta medida, la estructura del texto recorre un camino que comienza por el reconocimiento de la realidad social actual, y la reflexión acerca de las implicaciones de una formación por competencias que atienda al desarrollo de las diferentes dimensiones del ser humano (Capítulo 1).

Posteriormente, se presenta una fundamentación teórica en relación con las implicaciones curriculares de la formación por competencias, con el fin de establecer algunas claridades conceptuales, tanto para la formulación como para la estructuración de un currículo por competencias (Capítulo 2). Esta fundamentación conceptual permite, en el siguiente apartado (Capítulo 3), presentar estrategias didácticas y evaluativas para la integración curricular. Los planteamientos generales presentados en los capítulos 1, 2 y 3, se concretan en la presentación de un diseño curricular por competencias que integra cada una de las fases e instrumentos necesarios para la planeación, ejecución y evaluación del currículo (Capítulo 4).

Finalmente, con la convicción de que es en el aula de clase en donde cobra vida el diseño curricular, se presentan algunas alternativas didácticas, susceptibles de ser adaptadas por los docentes, para el alcance de los objetivos de aprendizaje previstos en el marco de un enfoque de formación por competencias (Capítulo 5). Esperamos que este texto, pensado, estructurado y escrito con las mejores intenciones, se convierta en una herramienta eficiente para promover procesos de formación docente, articular los procesos de gestión escolar, cualificar las prácticas de aula y, en consecuencia, hacer posible la transformación positiva de las problemáticas sociales y educativas actuales.

1. Educación, formación y currículo para sociedades distintas

Tensiones, retos y perspectivas curriculares

> "Frente a los numerosos desafíos del porvenir, la educación constituye un instrumento indispensable para que la humanidad pueda progresar hacia los ideales de paz, libertad y justicia social".
>
> Delors, 1996, p. 13.

En efecto, en la era de la globalización y la sociedad del conocimiento, se impone la necesidad de formar en y para la vida, lo que implica asumir las tensiones y desafíos que esta época exige a la educación, como instancia responsable de mediar entre la conformación del sujeto y la potencialización de comunidades conscientes de la necesidad de apropiar su historia y transformar sus condiciones de vida en pro de configurar sociedades más equilibradas.

Uno de los postulados fundamentales en la construcción, tanto de procesos sociales como individuales, pasa por la condición de reconocerse como parte de "algo", lo cual requiere "experimentar al otro y experimentarse a sí mismo para desatar un proceso formativo. La interacción y la experiencia en la interacción, son momentos formativos capitales" (Paez, R., 2009); reconocerse como parte de "algo" implica asumirse como un ser histórico, y en esta medida pensar en procesos formativos que dialoguen con la experiencia inmediata del sujeto en formación, desde un diálogo permanente con su realidad concreta y no sólo desde postulados teóricos que, predeterminados por tendencias del mercado o intereses particulares, desconocen las características y necesidades formativas de poblaciones específicas.

> "El punto de partida de todo proceso educativo debe ser la experiencia de la comunidad educativa, sus contextos, tradiciones, culturas; en una palabra, el mundo de la vida como horizonte universal de significados y como fuente inagotable de validación de las "pretensiones de verdad" con base en las significaciones com-

prendidas; la experiencia es la base y forma universal del conocer y del actuar"
(Hoyos, 2007, pp. 18-19).

En este sentido, como punto de partida para pensar una formación contextualizada y pertinente, se hace imprescindible retomar las tensiones y retos planteados por la Comisión Internacional sobre la educación para el siglo XXI (1996):

- La tensión entre lo mundial y lo local, lo cual implica conformarse como ciudadano del mundo sin perder de vista lo que se es como parte de una cultura local, que si bien reconoce e incorpora valores universales, no pierde de vista sus propias raíces.

- La tensión entre lo universal y lo singular que, en una era de globalización y de fácil acceso al conocimiento de otras culturas, plantea el riesgo de perder la singularidad de las propias tradiciones en pro de culturas que en su "apariencia universal" desdibujan las singularidades de otras.

- La tensión entre tradición y modernidad, desde donde se convoca a la incorporación y adaptación de los avances científicos y tecnológicos, con una mirada que reconoce que su construcción ha sido resultado de las experiencias y elaboraciones humanas y, en este sentido, respetan y preservan las tradiciones que dan soporte a la historia de la humanidad y a la consolidación de las propias individualidades.

- La tensión entre el largo y el corto plazo, que obliga a pensar y vivir en lo inmediato y desde lo inmediato, incluso en términos de las políticas educativas que incorporan tendencias y procesos fugaces que sacrifican la calidad en función de la "eficiencia". Lo anterior invita a pensar en una educación "lenta", que no cambie la calidad por la cantidad, la profundidad por la superficialidad, la formación por la información; la erudición por la cultura.

- La tensión entre la indispensable competencia y la preocupación por la igualdad de oportunidades, en la que las mismas exigencias para las instituciones educativas, obligan a pensar más en el cumplimiento de estándares que en la potencialización de las capacidades de cada individuo, perdiendo de vista la necesidad de "una educación durante toda la vida, para conciliar la competencia que estimula la cooperación que fortalece y la solidaridad que une" (Delors, 1996, p. 17), con el fin de generar una educación que garantice la igualdad en el acceso al conocimiento.

- La tensión entre el extraordinario desarrollo de los conocimientos y las capacidades de asimilación del ser humano, que convoca a mantener una formación básica desde donde todos los individuos tengan acceso a los diferentes campos de conocimiento, respetando los desarrollos e intereses particulares.

- La tensión entre lo espiritual y lo material, que invita al sistema educativo a estimular el respeto por las creencias de los otros y a conectarnos con nosotros mismos y con la trascendencia que va más allá de lo tangible.

En relación con estas tensiones, se demanda que los procesos formativos, cualquiera sea su modalidad, se diseñen y apliquen atendiendo a los siguientes retos:

- Aprender a conocer, implica el desarrollo de destrezas para aprender y construir el conocimiento, mediante la exploración y la experimentación constante con todos los fenómenos asociados a las transformaciones generadas por el avance de la ciencia; lo que supone entender el aprendizaje como un proceso continuo y autogestionado, y en modo alguno finito.

- Aprender a hacer exige la aplicación de una serie de conocimientos, habilidades y actitudes para resolver problemas y tareas específicas en cualquier circunstancia de la vida cotidiana.

- Aprender a ser en función de la autonomía y el desarrollo de un pensamiento crítico, que permita asumir la responsabilidad personal en la realización del destino colectivo, desde el reconocimiento y valoración de las capacidades y talentos propios.

Para responder a estos retos, en el marco de una sociedad caracterizada por la "eficiencia", "la inmediatez", "la superficialidad", "la inestabilidad", "lo efímero", "el activismo" y "el tecnicismo"; es necesario detenernos y pensar en las implicaciones que esto tiene para los procesos formativos, en función de la reconfiguración de las relaciones interpersonales y, en consecuencia, en la generación de una sociedad distinta.

Inicialmente, sería necesario repensar las dinámicas y procesos que incorporamos a nuestras prácticas cotidianas desde la reflexión entre lo que se plantea en la ley, lo que se propone como proyectos transversales desde los diferentes estamentos educativos y las estrategias que cada institución diseña para incorporar estos lineamientos y proyectos a la gestión de su currículo.

A manera de ejemplo, las tendencias mundiales apuntan a la formación por competencias como un mecanismo que permita al estudiante moverse en sistemas educativos nacionales e internacionales y, a la vez, propender por una formación que apunte al desarrollo de las diferentes dimensiones del ser humano; que permita la formación integral y además favorezca la incorporación y adaptación de los individuos a diferentes contextos y situaciones, como afirma Domènech (2009)

> "Una educación competencial activa todos los aprendizajes, cuestiona los saberes aprendidos de forma superficial, revisa nuestras concepciones del mundo para mejorarlas [...] Las personas aprenden en muchos lugares y en tiempos diferentes, pero deben saber aplicar los conocimientos que han hecho con anterioridad de manera diversa y complementaria" (p. 102).

Algunos de los mecanismos gubernamentales para viabilizar esta tendencia son los lineamientos curriculares y los proyectos transversales, que surgen como una manera de potenciar la formación por competencias y, en este marco, el desarrollo de saberes, habilidades y actitudes propias de cada nivel.

Tanto los lineamientos como los proyectos transversales, pueden ser vistos como camisa de fuerza o tareas adicionales y, en este sentido, cargar a las instituciones de una serie de actividades inútiles y agobiantes, o pueden convertirse en una posibilidad de innovación y estructuración de currículos menos saturados de información y más pertinentes desde la promoción de aprendizajes más profundos y contextualizados. La institución educativa tiene la potestad de decidir cuál es la actitud que adopta frente a este panorama y, en consecuencia, asumir las estrategias y dinámicas que se desprenden de tal decisión.

Las decisiones curriculares se han movido históricamente en función de los intereses de la sociedad, enmarcadas en dos grandes tendencias: la que apunta a la preservación del conocimiento por sí mismo (tendencia disciplinar), en un contexto de criterios de verdad absoluta; y una segunda que, en la actualidad, privilegia la potenciación de habilidades que permitan tanto su desarrollo como su aplicabilidad en contextos específicos. Como afirma Maxwell citado por Barnett (2000, p. 61): "La empresa académica ha perdido su rumbo, porque está dominada por una epistemología que propugna el conocimiento por su propio valor, pero debe orientarse hacia la maximización de aquellas cosas que tienen valor en el mundo".

Dadas las características y condiciones de la época actual, la toma de decisiones en relación con el currículo tendría que dar respuesta a cuestionamientos como:

¿Cuál es el conocimiento que debe tener el ser humano que se forma en un determinado nivel?, ¿qué corpus de conocimiento se requiere para la formación del ser humano que demanda el momento histórico en el que se formula el currículo?, ¿bajo qué concepción de aprendizaje se formula el currículo?, ¿qué conocimientos y valores prioriza el mundo en el momento en que se formula y vivencia el currículo?

Esto nos lleva a repensar la educación desde la superación de las dinámicas fragmentarias promovidas por la sociedad, para adentrarnos en una educación integrada, que permita generar proyectos articulados y sustentados desde las implicaciones de los aprendizajes en la formación de un ser humano que se integra de manera armónica con los otros y con el mundo en el que le corresponde vivir.

Estos argumentos no pretenden establecer una situación suficientemente explicitada, sino invitar a un cambio de concepción y actitud hacia las dinámicas educativas encargadas de perpetuar prácticas y posturas que, por llevar tantos años, se han convertido en comportamientos habituales y, en consecuencia, en limitantes que impiden cambiar la forma de ver el sistema educativo en general y de actuar frente a nuestras prácticas pedagógicas en particular. En este sentido, de acuerdo con Barnett (2000):

> "El cambio epistemológico radica en saber, además de qué cosa es qué cosa, cómo hacer esas cosas y este cambio afecta nuestro concepto de la función de la educación. El nuevo orden consiste en hacer que los alumnos no sólo sepan que esto es tal cosa, sino que además sepan cómo hacerlo" (p. 76).

Lo anterior invita a comprender el fenómeno educativo como el espacio donde confluyen el contexto vital, histórico, social y experiencial del estudiante como ser que conoce y está en el mundo, por lo que desde los procesos educativos se hace indispensable, no sólo generar conocimientos contextualizados y asimilados desde procesos históricos, sino fomentar ambientes de aprendizaje que propicien el acceso al conocimiento y el desarrollo de habilidades cognitivas y actitudes más elaboradas, posibilitando al individuo no sólo procesar información sino elaborar respuestas adecuadas a las necesidades del entorno.

Esto implica, para los procesos formativos, interrelacionar las condiciones de producción del conocimiento con las condiciones de apropiación por parte del sujeto cognoscente; desde el punto de vista pedagógico y didáctico, invita a la comprensión de los fenómenos de nuestras realidades desde su carga histórica y la propia historicidad del fenómeno; cabe decir, que la mejor manera de formar un pensamiento crítico es mediante una mirada holística y centrada del conocimiento, capaz de posibilitar la interrelación de nuestra propia historicidad con la de los fenómenos y conocimientos que abordamos.

La comprensión del mundo y de su historia desde un punto neutral resulta inconcebible en un universo donde todo está conectado y cumple una función en relación con los demás elementos, al margen de los enfoques funcionalistas, el hecho es que cada evento o desarrollo científico, social o tecnológico, está conectado de alguna forma y es consecuencia de una serie de acontecimientos históricos que posibilitan su emergencia. Esto implica asumir la formación como un proceso interconectado e interrelacionado que trasciende el mero hecho o dato, hacia la formación de una cierta consciencia cultural, tan necesaria para la formación de un sujeto transformador, creativo y humano.

Desde lo institucional, esto equivale a decir que se requiere generar procesos de articulación entre los diferentes ámbitos (curricular, pedagógico, didáctico) que la institución pone en juego para el alcance de sus metas formativas y las prácticas que los docentes realizan en las aulas de clase.

En este sentido, se esperaría trascender lo meramente operativo y permitir la conexión de las acciones docentes con los demás aspectos que conforman el hecho educativo, y de éstas en el marco de su propia historicidad, lo cual implica entender que, más allá de la preparación de una clase o del cumplimiento de los programas, la responsabilidad de la educación es conectar a sus estudiantes con ellos mismos y con su historia. Por otra parte, se pretende que el aula de clase o el espacio de interacción educativa, se convierta en el núcleo de encuentro entre lo global, lo regional y lo local; las políticas de estado, los proyectos transversales y las apuestas institucionales.

Lo anterior hace inminente la necesidad de contextualizar la gestión curricular de las instituciones educativas, entendiendo el contexto social, vital y experiencial (sociedad, momento y espacio histórico, cultura, credo, experiencias vitales, conocimientos, entre otros) en los que el ser humano se mueve y desarrolla, y desde los cuales actúa y se sitúa frente al mundo.

En tanto los seres humanos somos poseedores de significado: significamos y somos significados, es importante comprender que el conocimiento no es construido desde una postura neutral, sino que siempre está cargado de las experiencias y expectativas que los individuos construyen en torno a algo.

En lo que se refiere al proceso educativo, es importante comprender que el conocimiento desarrollado al interior de la institución educativa está articulado desde una doble dimensión: al momento histórico en el cual surge y se desarrolla, y al momento en que es aprendido; tiempos que en muchas ocasiones no son coincidentes y por esta razón pueden ser alterados o complementados de acuerdo con el o los significados propiciados desde el acto educativo. Comunicarse, relacionarse, situarse, integrarse y adaptarse será prioritario en esta dimensión, pues a través del desarrollo de estas habilidades, se garantiza que el individuo pueda incorporarse a la sociedad y asumir un papel activo frente a su transformación.

En esta dimensión, asumimos que la formación de los estudiantes debe trascender el mero conocimiento para adentrarse en los espacios sociales y permitir la interacción del individuo, como ser pensante y actuante, con su sociedad. Un ser situado es aquel que conoce su realidad, desde diversas perspectivas, la analiza, la deconstruye y la transforma, no sólo desde sus intereses particulares, sino en pro de la colectividad.

En términos pedagógicos, esto implica que el docente no sólo maneje su espacio educativo (asignatura), sino que conozca el devenir histórico del mundo, de la disciplina que enseña, de la pedagogía, y principalmente de las necesidades del contexto y de los estudiantes que forma. La creatividad, la innovación y la transformación educativa son, en gran medida, el resultado de docentes que se arriesgan e incorporan nuevos procesos y estrategias a sus espacios pedagógicos y aceptan que, incluso en el error, hay múltiples posibilidades para el crecimiento.

Además de contextualizar las prácticas educativas, también es necesario pensar en el estudiante como un sujeto que aprehende la realidad solamente en la medida en que la vivencia y se hace consciente de su contexto histórico, social y experiencial; esto es intelegir, es decir, aprehender algo como real, pero antes que eso, comprender lo que es ese algo en la realidad, interpretar el fundamento del ser, ese mundo de la vida que determina y configura la inteligencia. Precisamente, esa inteligencia entendida no como mera capacidad de resolver problemas simbólicos, numéricos o lingüísticos, sino como el hecho de actualizar lo real y en esa medida ubicarnos en el ámbito de lo absoluto, esto es en el mundo.

Describir cómo los seres humanos aprenden no es una tarea fácil debido a la complejidad de los factores que intervienen en el proceso; esto se convierte en un reto para la educación pues dentro de su rango de acción está el generar las formas y mecanismos para que el aprendizaje se convierta en parte fundamental del desarrollo del ser humano, lo cual implica que las acciones o habilidades de aprendizaje, evidenciadas o por potenciar, deben ser el resultado de un procesamiento de la información estructurado gracias a rutas o estrategias diseñadas por el docente, con el fin de facilitar el aprendizaje de los estudiantes. Estas se constituyen en el conjunto de procedimientos delineados y aplicados con el fin de potenciar saberes, habilidades, destrezas o actitudes.

Desde la perspectiva de la integración curricular, esto requiere articular no sólo los fines y propósitos del sistema educativo con las metas institucionales de formación, sino a éstas con las estrategias que desde lo didáctico lo viabilizan. En este contexto, la motivación del docente es también fundamental, pues si no encontramos sentido en nuestro quehacer, difícilmente hallaremos la fuerza para diseñar y trasegar diversas rutas que no por el hecho de haber sido diseñadas, garantizan llegar al sitio previsto.

El docente, además de una motivación intrínseca, requiere contar con conocimientos y herramientas conceptuales y metodológicas que le permitan comprender los procesos y dinámicas curriculares, y evidenciar esta competencia en el diseño de procesos de enseñanza-aprendizaje contextualizados y coherentes, tanto con los perfiles de formación como con las metas específicas de aprendizaje.

Enfoque, modelo y diseño: límites y enclaves en el proceso curricular

Construir un currículo pertinente, contextualizado y articulado con las demandas y necesidades de una comunidad particular, en un determinado momento histórico, requiere de la comprensión de los alcances y limitaciones que tiene como proceso educativo y principalmente humano.

La cantidad de intereses que confluyen en el "currículo" y las diferentes connotaciones que ha tenido a través de la historia, han implicado ambigüedades y confusiones que aún hoy en día permanecen, haciendo que el sistema educativo no establezca y promueva las demarcaciones y correlaciones necesarias entre lo curricular, lo pedagógico y lo didáctico, impidiendo así garantizar un proceso formativo coherente y articulado.

Con la pretensión de contribuir en algo a la precisión, tanto del proceso curricular como de los términos asociados a éste, y que en adelante utilizaremos, es importante establecer cómo se entienden conceptos como enfoque, modelo y diseño.

Un enfoque curricular se entiende como el punto desde donde nos ubicamos para tener una perspectiva clara del espacio en el que estamos situados y de las características del mismo. Desde el ámbito educativo, esto implica la identificación de los rasgos del contexto en el que se desarrollará el proceso curricular; las necesidades y expectativas de la población y, en función de éstas, el tipo de ser humano que se espera formar.

En consecuencia, se requiere adoptar un cuerpo teórico que sustente la concepción curricular desde la cual se pretende conseguir el perfil proyectado. Esto implica establecer la conexión entre las características y condiciones históricas de la población a la que se dirige el currículo y las fundamentaciones epistemológicas que responden a éstas, o emergen de ellas; es decir que se requiere tener claridad acerca de las diferentes posturas teóricas que, en relación con el currículo, se han generado e identificar sus posibles aportes para la construcción de un currículo específico, reconociendo su inscripción en dinámicas sociales particulares que permiten su emergencia y a su vez lo delimitan.

Mora y Ferro (2001), presentan el currículo como el conjunto de actores, actividades, infraestructuras y procesos logísticos que intervienen en el hecho educativo; destacando que debe recuperar e integrar las políticas de Estado, las necesidades sociales en torno al papel de la educación, las diferencias contextuales y las intencionalidades formativas; desde donde se seleccionan y secuencian los contenidos y se establecen las metodologías y formas de evaluación.

En este sentido, un enfoque curricular pretende dar cuenta tanto de la articulación de los diferentes componentes curriculares, como de la validez del proceso de enseñanza-aprendizaje. En relación con la enseñanza-aprendizaje se atenderán aspectos como: ¿Cuál es la finalidad del proceso formativo?, ¿para qué se realiza?, ¿cuáles son las problemáticas sociales que se pretende solucionar?, ¿qué se requiere en términos de conocimientos, habilidades y actitudes para alcanzar los fines propuestos? Mientras que en lo correspondiente al proceso curricular, los interrogantes por resolver serán: ¿Qué tipo de organización, gestión y evaluación curricular debo incorporar al proceso para cumplir con las metas formativas generales y específicas?, ¿el proceso que se desarrolla corresponde a lo previsto?, ¿qué ajustes se requieren y qué estrategias debo diseñar para cualificarlo?

En cuanto al concepto *modelo,* es necesario aclarar que éste cuenta con varias acepciones: en el marco del idealismo, puede decirse que el modelo es aquello hacia lo cual tiende algo, el ideal a seguir. En el realismo, en cambio, implica la forma de presentar un hecho cualquiera; es una réplica de las cosas y de los hechos, que puede también ser vista como patrón, paradigma o manera de ser.

Desde el punto de vista de la educación, podríamos pensar en el modelo como en una maqueta con características particulares que determinan e inciden en lo curricular, lo pedagógico y lo didáctico; en otras palabras, el modelo responde por unas estructuras determinadas, unos roles, funciones e interrelaciones que permiten su desarrollo y dinamización en cada uno de los ámbitos mencionados.

Por otra parte, el modelo pedagógico se asume como "la representación de las relaciones que predominan en el acto de enseñar, como un paradigma que puede coexistir con otros y que sirve para organizar la búsqueda de nuevos conocimientos en el campo de la pedagogía" (Flórez, 1999, p. 32).

El modelo pedagógico busca establecer las relaciones entre los actores del proceso educativo (docentes-estudiantes); entre el proceso de enseñanza-aprendizaje y los contenidos; las formas de evaluación del aprendizaje y las didácticas que el docente implementa en el aula de clase para posibilitar el proceso de aprendizaje de los estudiantes.

Por último, un modelo didáctico puede ser tanto "reconstrucción de acontecimientos o experiencias didácticas", como un "plan de construcción" para futuros acontecimientos, es decir, para que ocurran de la manera prevista:

> "Un modelo didáctico representa –como cualquier otro modelo- sólo unas pocas características importantes de la realidad que trata de caracterizar. Por esta razón, representa (sintetiza) los elementos más generales que se aplican en una gran cantidad de condiciones y contextos (no sólo en un caso individual)"
>
> (Flechsig, 1985, p. 113).

Además, puede ser considerado como "una potente herramienta intelectual para abordar los problemas educativos, ayudándonos a establecer el necesario vínculo entre el análisis teórico y la intervención práctica, desde una mirada integradora de lo curricular, lo pedagógico, lo psicológico, lo cultural y los diseños didácticos" (Medina y Salvador, 2002, p. 55).

Finalmente, los modelos se concretan en diseños entendidos como una estructura que describe un conjunto de procesos y actividades, planeadas y articuladas en torno a una meta de aprendizaje; su implementación requiere de la aplicación y validación en un contexto educativo específico, y su evaluación supone un seguimiento permanente al proceso, con el fin de ubicar debilidades e intervenir en su mejoramiento.

Dado que la intención que mueve este texto es ofrecer las herramientas y estrategias necesarias para lograr la articulación entre lo curricular, lo pedagógico y lo didáctico, resulta relevante establecer sus puntos de interconexión. Esto significa comprender la educación como un sistema articulado alrededor de una concepción y unas metas educacionales (perfiles de formación), en las que la planeación general del proceso curricular deberá dialogar con los modelos pedagógicos y didácticos asumidos, y concretarse en los diseños didácticos que los docentes ponen en funcionamiento en el aula de clase en la cotidianidad de sus prácticas.

Haciendo una analogía con un ejercicio de creación pictórica, el docente podría asumir el papel de pintor; esto equivaldría a pensar en la impresión que se espera lograr en el espectador a partir de preguntas como: ¿Qué tipo de espectador es éste?, ¿cuáles serán sus preferencias?, ¿qué reacción se pretende despertar en él?, y, a partir de estas condiciones, determinar las formas, colores y técnicas necesarias para cumplir con los objetivos que se desprenden de las anteriores preguntas.

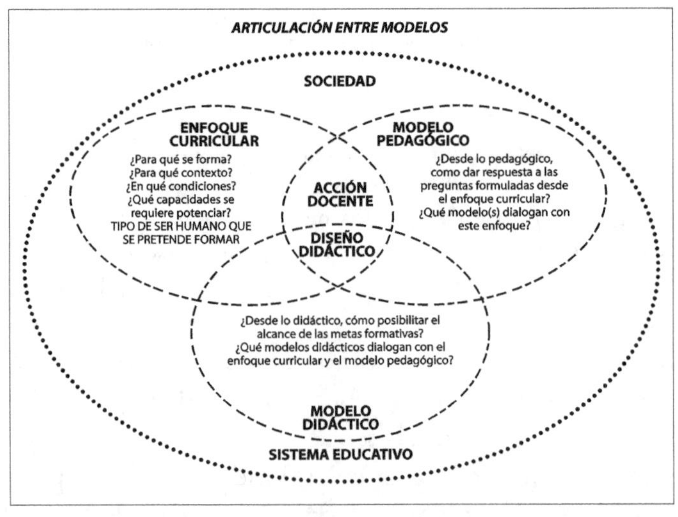

Articulación entre enfoque curricular, modelo pedagógico y diseño didáctico.

Gestión curricular: ámbitos, engranajes y fronteras

La gestión curricular se entiende como un proceso sistemático y flexible que convoca a la participación activa y responsable de todos los actores que intervienen en el proceso formativo; lo cual implica tener la capacidad de organizar y poner en marcha el engranaje propio del proceso curricular, esto equivale a decir que pueda dar respuesta a las necesidades específicas de una época y comunidad, a través de modelos pedagógicos que garanticen su viabilidad y diseños didácticos que posibiliten su concreción en la cotidianidad del aula. En este sentido, y en el marco de la gestión curricular, es necesario atender a las siguientes etapas:

Diagnóstico contextual y de formación

Esta etapa implica la identificación de las características y necesidades de los contextos y poblaciones, con el fin de determinar las condiciones personales que debería tener el ser humano que se forma en ese contexto particular, para aportar a la transformación y dinamización de prácticas sociales que posibiliten la sana convivencia y la calidad de vida para todos; algunos elementos que pueden facilitar la elaboración de este diagnóstico, serían:

- Análisis situacional del entorno y la población en y para los cuales se desarrolla el proceso curricular.

- Establecimiento de las necesidades formativas para los contextos específicos.

- Revisión de las condiciones legales vigentes para la planeación educativa.

- Reconocimiento de los fines y propósitos de la educación en el ámbito sociopolítico, económico, cultural, y de su incidencia en la formulación y gestión curricular.

Macroplanificación

Una vez elaborado el diagnóstico inicial, es indispensable realizar un proceso de planeación general que, a partir de referentes conceptuales, políticos, económicos, sociales, científicos, culturales, pedagógicos, entre otros, del orden mundial, nacional y regional, permita la construcción de un currículo que responda a las necesidades locales e institucionales en las que se inscribe el proceso formativo.

Algunas acciones que pueden facilitar esta construcción son:

a. Delinear un perfil de formación coherente con el diagnóstico inicial, a partir de una reflexión en torno a: ¿Cuáles son las características que, desde lo cognitivo, social, emocional y actitudinal, debe tener el ser humano que se forma, para responder a las necesidades del contexto social e histórico en el que vive?

b. Identificar las etapas de desarrollo del ser humano y las metas de formación que se esperan alcanzar en cada uno de los niveles educativos y, en consecuencia, seleccionar y organizar los conocimientos, habilidades y actitudes que los estudiantes deben alcanzar en cada nivel de formación; esto implica preguntarse por: ¿Qué se requiere en cada uno de los niveles formativos de acuerdo con el desarrollo evolutivo del estudiante?, ¿qué se espera que el estudiante desarrolle en cada nivel de formación?, ¿cuáles son los conocimientos, habilidades y actitudes que se necesitan para alcanzar las metas de formación previstas?, ¿en función del desarrollo evolutivo y de las metas de formación, cuál es la mejor manera de organizar o secuenciar estos conocimientos, habilidades y actitudes?

c. Formular o ajustar un modelo pedagógico que ilumine las relaciones que se dan entre los diferentes agentes educativos y de estos en relación con los contenidos, métodos didácticos y maneras de evaluación en coherencia con el perfil de formación.

d. Determinar las condiciones y recursos necesarios para el desarrollo del proceso formativo.

En la etapa de la macro-planificación se establecen las generalidades del proceso educativo que se convierten en insumo y fundamento para la fase de diseño.

Diseño curricular

Esta etapa corresponde a la integración del perfil de formación con las metas, conceptos, acciones, procedimientos y recursos que, estructurados lógica y coherentemente, permitan el alcance de los fines formativos previstos. En este sentido, se requiere definir acciones, tiempos, responsables y recursos materiales, humanos y de infraestructura física y tecnológica.

La fase exige la conformación de equipos interdisciplinares integrados por maestros especialistas en las áreas de conocimiento que conforman el plan de estudios, diseñadores curriculares y un equipo de trabajo constituido por directivos, docentes y personal de apoyo, cuyas funciones y responsabilidades les permitan garantizar la operacionalización y buen desarrollo del proceso.

El diseño del currículo implica la creación de un sistema que permita concretar y relacionar los diferentes aspectos que confluyen en el proceso formativo, sin perder de vista que su núcleo articulador es el perfil de formación. Como en todo sistema, es necesario establecer los roles, funciones, interrelaciones, niveles y mecanismos que posibilitan la gestión curricular.

En primer lugar, y en coherencia con lo trabajado en la etapa de macroplanificación, se requiere pensar en un instrumento (Malla curricular) que permita enlazar las metas formativas, los contenidos, métodos didácticos y mecanismos de evaluación para cada área y nivel con el perfil de formación previsto institucionalmente, convirtiéndose así en el punto de enclave entre las demandas formativas externas con lo que la institución educativa determina para dar respuesta a ellas.

Es importante resaltar que la malla curricular no puede reducirse a un mero inventario de las áreas de conocimiento propias de un plan de estudios; sino a la posibilidad de explicitar la interrelación necesaria entre los elementos del currículo, los propósitos de formación que subyacen a éste y la perspectiva pedagógica que la institución asume para hacerlos posibles.

Institución Educativa:				
Perfil de formación: (Aquí se consigna el perfil de formación establecido por la IE)				
Enfoque curricular:				
Modelo pedagógico:				
Nivel de Formación Preescolar, básica, media, técnica, tecnológica, profesional y posgradual	**Áreas de Conocimiento** Diferentes campos de conocimiento que se requieren para cumplir el perfil de formación	**Espacios Académicos** Asignaturas que conforman cada una de las áreas de conocimiento	**Contenidos Básicos** Contenidos fundamentales que serán abordados en cada espacio académico	**Sistema de Evaluación** Lineamientos del sistema de evaluación institucional

Ejemplo de instrumento para la elaboración de la malla curricular.

Estas categorías pueden tener diferentes denominaciones de acuerdo con las perspectivas teóricas que se contemplen desde lo curricular y lo pedagógico, en la fase de macro-planificación.

En esta misma línea, el enclave entre los propósitos formativos de la institución y lo que cada área realiza para alcanzarlos, es el micro-currículo, entendido como una estructura que nos permite, de acuerdo con el nivel en que se encuentra el estudiante, delimitar las metas de aprendizaje, los conocimientos, los métodos de enseñanza-aprendizaje y los mecanismos de evaluación propios de cada campo del conocimiento.

Es importante tener en cuenta que tanto los contenidos, como las acciones, que cada una de las áreas planea para promover el aprendizaje de un campo específico del saber, deben seleccionarse en coherencia con los postulados curriculares y pedagógicos que la institución ha asumido en su etapa de planificación y consignado en la malla curricular.

Institución Educativa:				
Nivel formativo:				
Área de conocimiento:				
Propósito de formación del área:				
Espacios académicos que conforman el área	**Objetivos de aprendizaje de cada espacio académico**	**Contenidos básicos**	**Métodos didácticos**	**Mecanismos de evaluación**

Ejemplo de instrumento para la elaboración del micro-currículo.

Finalmente, en un mayor nivel de concreción, se encuentra el plan de aula, en el que se instauran las acciones concretas que se desarrollan para un espacio académico determinado, a nivel académico, didáctico y evaluativo, detallando tiempos y recursos.

Institución Educativa:				
Nivel educativo:				
Área de formación:				
Espacio académico:				
Objetivos de aprendizaje	**Tiempo**	**Unidades didácticas**	**Actividades didácticas específicas**	**Actividades evaluativas específicas**

Ejemplo de instrumento para la elaboración del plan de aula.

Ejecución curricular

El buen funcionamiento de esta fase depende del conocimiento y apropiación de las fases anteriores, y de la creación de las condiciones organizativas y logísticas que permitan hacerla posible. Esto implica que, desde lo administrativo, se ofrezcan las condiciones de tiempo, recursos y escenarios de socialización y formación en torno a los aspectos establecidos en las primeras fases. Por otra parte, esto requiere del compromiso de los docentes para que se haga realidad lo planeado en sus prácticas de aula, garantizando los procesos de aprendizaje previstos y la articulación entre lo curricular, lo pedagógico y lo didáctico.

Lo anterior requiere una permanente revisión y ajuste de lo planeado de acuerdo con las condiciones del entorno, la población y los cambios históricos, sociales, políticos y económicos a los que está sujeto todo proceso formativo, y de las dinámicas propias de la institución.

Evaluación curricular

Esta fase se constituye en elemento integral y transversal de toda la gestión curricular y permite establecer su validez e impacto en todos los niveles y ámbitos del sistema educativo. En términos de la LOGSE (1990) (retomado por Castillo, 2003):

> "La ley atribuye una singular importancia a la evaluación general del sistema educativo [...] La actividad evaluadora es fundamental para analizar en qué medida los distintos elementos del sistema educativo están contribuyendo a la consecución de los objetivos previamente establecidos. Por ello, ha de extenderse a la actividad educativa en todos sus niveles, alcanzando a todos los sectores que en ella participan".

De acuerdo con lo anterior, la evaluación educativa recae sobre dos escenarios claramente delimitados, la evaluación del currículo y la evaluación del aprendizaje. La primera de ellas se entiende como un proceso permanente que permite valorar la validez e impacto del proceso educativo en cada una de sus etapas (diagnóstico, macroplanificación, diseño y ejecución) con el fin de realizar los ajustes necesarios y garantizar así la calidad del mismo.

Por otra parte, la evaluación curricular permite establecer el grado de articulación y coherencia entre lo curricular, lo pedagógico y lo didáctico, y validar los instrumentos y mecanismos de organización y gestión curricular. Igualmente, es primordial valorar la forma en que los seres humanos aprenden, se desarrollan y se incorporan a la sociedad, para lograr el ajuste y cualificación del proceso formativo, haciendo que, en este sentido, la evaluación del aprendizaje se convierta en uno de los indicadores fundamentales de la evaluación curricular.

Es importante entender que la evaluación del aprendizaje no solamente se inscribe en los resultados, sino en el proceso formativo en sí mismo; lo cual implica, para el docente, diseñar actividades didácticas y formas de evaluación coherentes con los objetivos de aprendizaje y con el perfil de ser humano que se espera alcanzar.

Una de las estrategias para realizar la evaluación de la ejecución e impacto de un proceso curricular, puede ser la investigación-acción educativa, entendida como un proceso investigativo, conducido por los maestros, que propende por la transformación de sus prácticas educativas mediante una reflexión sistemática sobre el quehacer cotidiano en el aula, lo cual posibilita la revisión y ajuste permanente de todas las fases de la gestión curricular. La investigación-acción integra:

> "Una familia de actividades que realiza el profesorado en sus propias aulas con fines tales como: el desarrollo curricular, su autodesarrollo profesional, la mejora de los programas educativos, los sistemas de planificación o la política de

desarrollo. Estas actividades tienen en común la identificación de estrategias de acción que son implementadas y más tarde sometidas a observación, reflexión y cambio. Se considera como instrumento que genera cambio social y conocimiento educativo sobre la realidad social y/o educativa, proporciona autonomía y da poder a quienes la realizan"

(Latorre: 2007, p. 26).

Una acertada formulación de los instrumentos propios del diseño curricular y de su interrelación, puede convertirse en un mecanismo eficiente para monitorear el proceso formativo, evaluar y cualificar permanentemente la gestión curricular.

2. Perspectiva curricular desde la formación por competencias

El concepto de competencia, aplicado a la educación, se inscribe en tendencias que van desde lo filosófico hasta lo cultural, pasando por lo lingüístico y lo psicológico; en esta primera línea, la competencia se asocia al concepto de acción, desde la mirada de algunos filósofos como Aristóteles, para quien el conocer es inherente a la naturaleza humana y su demostración se realiza a través de desempeños específicos:

> "Todo conocimiento implica una ardua elaboración de conceptos, relaciones y explicaciones. Estos procesos son el resultado pertinente del despliegue de la naturaleza humana, entendida como la potencia pasiva que direcciona las construcciones cognitivas, las jerarquías en los niveles de conocimiento y las complejidades en las diversas formas de actuación"
>
> (Torres Cárdenas, 2002, p. 30).

Por otra parte, y en el marco de la lingüística, el referente más socializado es Chomsky (1983), quien define la competencia como un conjunto de conocimientos específicamente asociados al sistema lingüístico propio de un hablante, manifiesto en actuaciones comunicativas específicas:

> "La competencia lingüística se plantea entonces como un conocimiento de carácter universal que poseen todos los sujetos de la especie, quienes son considerados hablantes-oyentes ideales inmersos en una comunidad lingüística homogénea, en donde la presencia de una lengua gramaticalmente adecuada, permite el despliegue y el uso del conocimiento lingüístico que el niño tiene codificado de manera innata
>
> (Chomsky, 1983, citado por Torrado, 2000, p. 41).

Más adelante, Hymes (1996) propone la superación de la dicotomía entre competencia (como capacidad) y actuación (como desempeño), y la restricción de los procesos comunicativos al ámbito meramente lingüístico, ampliando el concepto de competencia comunicativa de lo gramatical a lo social:

> "Tenemos entonces que explicar el hecho de que un niño normal adquiera el conocimiento de oraciones no únicamente en lo relativo a lo gramatical, sino también a lo apropiado. El niño adquiere la competencia relacionada con el hecho de cuándo sí y cuándo no hablar, y también sobre qué hacerlo, con quién, dónde, y en qué forma. En resumen, llega a ser capaz de llevar a cabo un repertorio de actos de habla, de tomar parte en eventos comunicativos y de evaluar la participación de otros"
>
> (Hymes, 1996, citado por Torrado, 2000, p. 46).

Desde la perspectiva psicológica, la competencia supera lo exclusivamente lingüístico para dar cuenta de los procesos que realiza el individuo al apropiar, transformar y generar conocimiento; en este sentido, y posterior a la teoría piagetiana, se ha establecido que: "durante los primeros meses de vida el ser humano muestra extraordinarias capacidades comunicativas, que dan cuenta a su vez de habilidades cognitivas no menos sorprendentes. En estas actividades el bebé parece usar un conocimiento abstracto, que guía su actuación" (Torrado, 2000, p. 45).

Para Vigostky (1978), desde la sicología cultural, uno de los más importantes hallazgos en relación con los procesos cognitivos, se refiere a que todos los procesos psicológicos superiores se adquieren primero en un contexto social y posteriormente en el plano individual; por otra parte, se plantea que, en cuanto al desarrollo del niño, toda función aparece primero a nivel social y luego se internaliza, lo que implica que el individuo requiere de los otros para llegar a ser.

De estos postulados se desprenden los principios que comprenden el aprendizaje y el desarrollo como una actividad social y colaborativa que no puede ser "enseñada" a nadie; depende del estudiante construir su propia comprensión, es decir, su competencia. Lo anterior significa permitir a cada individuo potenciar sus propias capacidades desde un proceso formativo que propicie, tanto los avances y desarrollos individuales, como los de otros; en esta perspectiva la competencia transciende la mera aplicación para convertirse en el espacio adecuado para la humanización colectiva. Así:

> "Una de las primeras funciones que incumben a la educación consiste, pues, en lograr que la humanidad pueda dirigir cabalmente su propio desarrollo. En efecto, deberá permitir que cada persona se responsabilice de su destino a fin de contribuir al progreso de la sociedad en la que vive, fundando el desarrollo en la

participación responsable de las personas y de las comunidades"

(Delors, 1996, p. 88).

Alcanzar este propósito implica potenciar el desarrollo de las diferentes dimensiones del ser humano; en términos de lo propuesto por la Unesco, estas se refieren a las dimensiones[2]: cognitiva, corporal, social, comunicativa, ética, lúdica, laboral y espiritual. El desarrollo de estas dimensiones:

"Debe permitirle tomar conciencia de sí mismo y su entorno y desempeñar su función social en el mundo del trabajo y en la vida pública. El "saber", el "saber hacer", el "saber ser" y el "saber convivir" en sociedad constituyen los cuatro aspectos, íntimamente enlazados, de una misma realidad"

(Delors, 1996, p. 115).

La toma de conciencia del individuo frente a sí mismo y su entorno, dependerá en gran medida de la posibilidad que ha tenido para desarrollar diferentes competencias asumiendo que estas pueden ser comprendidas como "aquellas capacidades individuales que son condición necesaria para impulsar un desarrollo social en términos de equidad y ejercicio de la ciudadanía" (Torrado, 2000, p. 31).

Desde la perspectiva del desarrollo social, la competencia no puede reducirse a la mera adquisición y aplicación de conocimientos para la realización de una tarea específica, sino a la capacidad de ejecutarla de manera razonable y razonada, lo que equivale a concebir al ser humano como una totalidad imposible de fragmentar, pues, como afirma Ryle, citado por Barnet (2001): "no hay fantasmas en la máquina: el ser humano no es un ser pensante más un ser en acción. Estos dos aspectos están necesariamente implicados uno en otro" (p. 115).

Desde la perspectiva de la formación por competencias, esto implica fomentar la comprensión como meta fundamental de la educación, en tanto que la comprensión trasciende la mera apropiación o aplicación de conceptos o habilidades y se instala en un estado de conciencia que permite "estar alerta", es decir abiertos al conocimiento, al diálogo, a la transformación, y nos permite ser y estar en el mundo con la capacidad para entender que todo se transforma y, más allá del conocimiento *per se*, se encuentra el conocimiento con sentido.

---

2   Enfoque biopsicosocial propuesto por Naciones Unidas.

En el marco de lo social, se asume entonces que la competencia surge como resultado de la interacción comunicativa que los individuos realizan en torno a procesos culturales, políticos, sociales, ideológicos, emocionales que le permiten constituirse en sí mismo y para los otros:

> "Las palabras significan lo que los seres humanos acuerdan conjuntamente que signifiquen, se pueden crear nuevas palabras cuando hagan falta y se pueden combinar para expresar una variedad infinita de significados. El lenguaje nos permite compartir pensamientos sobre nuevas experiencias y organizar la vida en común como ninguna otra especie puede hacer. Esta función del lenguaje permite concebirlo desde una perspectiva distinta a la instrumental (transmisión de información entre personas) a una perspectiva de interacción dialógica [...] el lenguaje está diseñado para hacer algo mucho más interesante que transmitir información con precisión de un cerebro a otro: permite que los recursos mentales de varios individuos se combinen en una inteligencia colectiva y comunicadora que permite a los interesados comprender mejor el mundo e idear maneras prácticas de tratar con él [...] empleamos el lenguaje para convertir el pensamiento individual en pensamientos y acciones colectivas
>
> (Mercer, 2000, p. 20).

Así pues, el saber (conocimientos), el saber hacer (habilidades) y el saber ser (actitudes), se constituyen en competencia cuando el individuo está en capacidad de realizar acciones efectivas para la ejecución de tareas, la toma de decisiones y la convivencia social. En el marco de esta mirada, la noción de competencia toma un papel fundamental, no sólo por ser un concepto asumido desde diferentes perspectivas epistemológicas, en diferentes contextos, países e instituciones, sino porque es:

> "Una categoría pensada desde la constitución y formación de sujetos en diferentes dimensiones de su desarrollo, referidas básicamente a potencialidades y/o capacidades. Las competencias se definen en términos de "las capacidades con que un sujeto cuenta para". Pero es claro que estas competencias, o más bien el nivel de desarrollo de las mismas, sólo se visualiza a través de desempeños, de acciones, sea en el campo social, cognitivo, cultural, estético o físico. Ésta parece ser una de las características básicas de la noción de competencia, al estar referida a una situación de desempeño, de actuación específica"
>
> (MEN, 1998, p. 34).

Lo anterior implica pensar en un proceso de formación integral que apunte al desarrollo de todas las dimensiones del ser humano, de tal manera que esté en capacidad de afrontar los problemas del contexto global y local, gracias a su potencial para construir y apropiar conocimientos tanto científicos como humanísticos, su habilidad para ponerlos en función de la resolución de problemas en situaciones reales y su disposición para generar hábitos para aprender a aprender.

Desde los planteamientos de Lev S. Vigotsky (1972), esto equivale a asumir que el proceso formativo podría ser el corazón del desarrollo del niño y la oportunidad para develar su potencial para el aprendizaje en la interacción con otros. Así pues, el desarrollo y concreción de las competencias se realiza en la interacción del individuo con su mundo social y cultural, en donde lo comunicativo se torna esencial. Por otra parte, la construcción de conocimiento según el mismo autor:

> "Se construye en interacción con el otro durante la adquisición de pautas sociales y el manejo de instrumentos culturales, los contextos más que desplegados, emergen en un contexto típicamente humano, y por lo tanto se ven modificados por el contacto cultural, la interacción social y la actividad comunicativa que presupone estas dos cuestiones"
>
> (Torrado, 2000, p. 48).

En consecuencia, la competencia implica, además de la asimilación o construcción de un conocimiento, la capacidad de actualizarlo de acuerdo a las condiciones del entorno y las exigencias específicas de la tarea a resolver y, dado que el entorno no se puede contemplar en abstracto sino permeado por unas condiciones sociales específicas, la competencia se concreta sólo en función de lo social. De ahí, que el propósito de muchos sistemas educativos, desde la perspectiva de la formación por competencias, debería estar orientado a la formación de ciudadanos que puedan adaptarse y transformar el mundo de la vida.

Ahora bien, este nuevo giro depende, en gran medida, de la potenciación de capacidades que son comunes a los individuos pero que, en este nuevo marco social, se configuran y adquieren mayor valor en la medida en que contribuyan a la realización individual y el bienestar colectivo. Así las cosas, un ambiente de aprendizaje adecuado tendrá como objetivo promover en los seres humanos su capacidad de comprensión, decisión y acción, en función de un proyecto social más equitativo y pertinente. En efecto, el concepto de competencia entraña un desempeño que la evidencie, razón por la cual, tal como lo afirma Torrado, 2000:

> "La competencia, además de un saber hacer, es un hacer sabiendo, soportado en múltiples conocimientos que vamos adquiriendo en el transcurso de la vida; es la utilización flexible e inteligente de los conocimientos que poseemos lo que nos hace competentes frente a tareas específicas".

Esto indica que no es suficiente con aprender o apropiar algunos conceptos básicos propios de las diferentes disciplinas del conocimiento, sino que es importante saber cómo y cuándo ponerlos en juego; y aún más, por qué hacerlo. Ya el aprendizaje no consiste en la mera acumulación de datos o en la construcción desmedida de novedades, ahora es fundamental estar en capacidad de hacer un análisis y una comprensión profunda del ser, del saber y del actuar. Para ilustrar mejor el asunto, podemos retomar un ejemplo simple que nos propone Perrenoud (2006):

> "No se trata de exponer sabiamente, con toda tranquilidad, todo lo que se había podido hacer, reflexionando calmadamente, recordando de manera teórica todos los conocimientos olvidados y consultando en gruesos libros, sino de decidir en las condiciones efectivas de la acción, con informaciones incompletas, a veces urgentemente o bajo estrés, teniendo en cuenta compañeros poco cooperativos, condiciones poco favorables e incertidumbres de todo tipo".

Esta concepción de las competencias impone nuevos retos a las prácticas de enseñanza que se han venido perpetuando en los sistemas educativos, y en las cuales el propósito fundamental es la transmisión vertical del conocimiento. Una formación basada en la promoción de las competencias convoca a una transformación real del quehacer, tanto de los docentes, como de los directivos docentes que tienen en sus manos la gestión curricular.

En efecto, pensar en innovación educativa, no implica solamente la invitación a generar estrategias creativas y novedosas, sino también la posibilidad de aprovechar lo que tenemos y gestionarlo de la mejor manera, concibiéndolo como un sistema y no como un conjunto de factores independientes. Orientar la acción docente en función de la competencia es una labor que requiere de un alto grado de apropiación, acción y reflexión. Como lo apuntan Eticnne y Lerouge, retomados por Perrenoud (2006):

> "La creación de una competencia depende de una dosis justa entre el trabajo aislado de sus diversos elementos y la integración de estos elementos en una situación de operatividad. Toda la dificultad didáctica reside en manejar de forma

dialéctica estos dos enfoques. Pero creer que el aprendizaje secuencial de conocimientos provoca espontáneamente su integración operacional en una competencia, es una utopía".

Uno de los principios orientadores de la formación debe ser entonces el
desarrollo de las competencias. De ahí que la concepción curricular se
conciba como un proyecto con una fundamentación clara que va desde
lo epistemológico hasta lo didáctico, pasando claro está por el sustento
pedagógico. En palabras de Barnett 2001: "se debe elaborar un currículo
amplio que lo capacite (en referencia al estudiante) para encontrar estados
mentales autónomos, practicar la reflexión y llegar a la acción".

Así, la flexibilidad debe ser una de las características inherentes al currículo, en tanto este promueva la capacidad para aprender a aprender y, en
esa medida, la posibilidad de desarrollar habilidades que sean transferibles
para comprender y manejar no sólo el reducido espectro de informaciones
que circundan en el ámbito escolar, sino además el complejo mundo de
interacciones que se tejen en el entramado social y cultural en que se des-
envuelven todos los seres humanos.

Esto además supone la evaluación constante y el establecimiento de balan-
ces para determinar si los medios puestos para la consecución de los fines
previstos son los más adecuados o no. Si bien es cierto que la flexibilidad
y la autonomía permiten la estructuración de los programas educativos
institucionales, no se puede caer en un relativismo extremo en el que todo
sea válido, no podemos olvidar que no siempre más es sinónimo de mejor,
y mucho menos en educación.

En consecuencia, estas nuevas apuestas curriculares se verán más forta-
lecidas por la búsqueda de articulaciones, que por la saturación de conceptos o proyectos, lo que implica generar procesos de reflexión y análisis
permanente en todos los actores involucrados en el proceso formativo, y
además, este tipo de procesos demanda la participación de la comunidad
como un agente formativo pero también como un agente de veeduría social.

En síntesis, la formación por competencias implica antes que una revolu-
ción educativa, un cambio de paradigma desde lo cultural, que nos lleve a
reconocer la importancia de la movilización de saberes sobre la memoriza-

ción de los mismos; la superación de nuevos y desafiantes retos cognitivos, más que el entrenamiento o la práctica constante; la creación de respuestas novedosas, antes que la solución de problemas con algoritmos determinados; la generación de situaciones reales de desempeño, por encima de la imposición de situaciones artificiales y descontextualizadas.

Currículo por competencias: significado y sentido

De acuerdo con lo previsto por Mora (2001): "no existe un sólo sentido, un sólo concepto, ni una sola definición de currículo; la práctica del currículo es anterior al "currículo como campo de estudio y de investigación", y este continua siendo, en la actualidad, un campo de conocimiento en construcción, que involucra y exige el concurso de muchos otros campos"; a partir de esta premisa, y antes de centrarnos en los aspectos propios de un enfoque curricular por competencias, es importante revisar algunas tendencias en relación con las perspectivas curriculares que se han venido construyendo a través de la historia.

En una primera tendencia, podemos agrupar los currículos diseñados en función de los campos disciplinares, organizados en temas o asignaturas, seleccionados y jerarquizados de acuerdo con los propósitos de formación en diferentes niveles; este grupo lo conforman aquellas organizaciones curriculares centradas en una oferta institucional que, en muchos casos, desconoce los intereses y expectativas de la comunidad educativa.

Una segunda tendencia corresponde a una mirada tecnológica de la educación, desde la que se estructura el currículo apuntando al diseño de métodos particulares para alcanzar fines específicos, entendiendo la escuela como un sistema susceptible de ser controlado desde afuera, sobre la base de la regulación de las conductas y formas de aprender y enseñar.

En tercer lugar, se inscriben los currículos organizados en función del desarrollo de procesos cognitivos que posibilitan la resolución de diferentes tareas intelectuales, y que pueden ser transferidos a diferentes contextos; en este ámbito aparece una clara inclinación a propiciar ambientes donde se favorezca la promoción de habilidades de pensamiento transversales a cualquier proceso de aprendizaje, y se recupere el papel del estudiante como agente activo. En esta tendencia los contenidos, si bien son importantes, no son el fin último del proceso formativo, sino un medio para potenciar las capacidades del individuo.

Finalmente, y en épocas más recientes, se puede hablar de una tendencia que moviliza la interacción y toma de conciencia social desde el currículo, asumiendo la escuela como espacio de encuentro comunitario desde donde se promueve el desarrollo individual y colectivo. "El currículo es concebido como una fuerza activa que tiene un impacto directo en la reconstrucción de la totalidad del contexto humano y social" (Mora, 2001).

A partir de estas tendencias, e inscritos en las posturas que defienden la necesidad de generar un currículo pertinente y contextualizado, es importante, para la construcción de un currículo por competencias, volver sobre las tensiones de la sociedad actual y los retos que éstas imponen a las propuestas curriculares. Además, es importante tener en cuenta que el conocimiento adquiere un valor relevante en las sociedades actuales, no sólo por su amplia producción, sino por la posibilidad de socializarse de manera inmediata, lo que exige al sistema educativo generar las condiciones para una formación que posibilite al individuo actualizarse y transformarse permanentemente.

En consecuencia, el paradigma educativo tradicional ha de superarse a partir del reconocimiento de que las personas conocen de manera diversa y tienen distintas necesidades de aprendizaje, inscritas no sólo en un ámbito de desarrollo personal, sino social, ya que la sociedad, el mundo del trabajo, las formas actuales del ejercicio de las profesiones demandan nuevas cualidades en los individuos: creatividad, capacidad de adaptación, flexibilidad de pensamiento, toma de decisiones, conciencia crítica, entre otras.

Currículo por competencias: componentes e interrelaciones

Si retomamos la concepción de currículo como sistema, es indispensable esclarecer los aspectos externos que lo determinan y los factores internos que lo configuran; en relación con los aspectos externos es necesario tener claro que los currículos obedecen a factores históricos, sociales, políticos, culturales y económicos, desde donde surgen necesidades de formación específicas a las que debe dar respuesta el currículo en la perspectiva de formar personas capaces de ser y actuar frente a momentos y circunstancias particulares; en palabras de Tobón (2004): "Tanto lo curricular como lo didáctico relacionan el mundo de la escuela con el mundo de la vida con unos fines específicos para formar un tipo de hombre y mujer que harán que esa sociedad sea diferente a otra" (p. 85).

"El currículo es una solución cultural que se compone de procesos (capacidades y valores) contenidos (formas de saber) y métodos/procedimientos (formas de hacer) que demanda la sociedad en un momento determinado" (Pérez y Díez, 2000), pero la delimitación de los procesos, contenidos y métodos/procedimientos, si bien permite la configuración de los procesos curriculares, no debe convertirse en una excusa para mantener la tendencia de centrar los procesos formativos en el desarrollo intelectual o meramente técnico, desconociendo las demás dimensiones que configuran la complejidad humana.

Reconocer esta complejidad significa, para efectos curriculares, ir más allá de la selección e interrelación de conocimientos aislados, para asumir los procesos formativos como el espacio para la conformación de la persona como ser cultural y social; esto implica, en el ámbito de la formación por competencias, trascender lo meramente operacional o técnico como meta formativa, y adentrarse en el tema de la comprensión asumiendo desde Barnet (2004, p. 161) que:

"La comprensión no se doblega. Tampoco se somete. No acepta a la ligera las ideas de otros. La verdadera comprensión es fuerte y resistente. Lo que importa es el mejor argumento. La verdadera comprensión no teme adoptar una actitud de humildad. Al decir "no comprendo" o "ayúdenme a comprender este punto", se buscan mejores comprobaciones, se profundiza o amplia la base del razonamiento. La búsqueda de la comprensión personal está presente en la comprensión en general".

En esta misma vía, y en el marco de lo legal, específicamente en Colombia, se invoca "un proceso de formación integral" que considere el desarrollo físico, psíquico e intelectual de todas las personas y propicie formas y medios para lograr la equidad. Se trata de orientar el sistema educativo desde una formación que ayude a afrontar los problemas económicos y políticos del país, lo cual supone:

> "La adquisición y la generación de los conocimientos científicos y técnicos más avanzados [así como los conocimientos] humanísticos, históricos, sociales, geográficos y estéticos, mediante la apropiación de hábitos intelectuales adecuados para el desarrollo del saber"
>
> (MEN, 1994, p. 23).

Se trata de construir nuevos sentidos para los quehaceres de la escuela, teniendo como horizonte la construcción de la democracia en el marco de proyectos sociales y humanos.

En el ámbito de la formación por competencias, estos presupuestos implican identificar los referentes pedagógicos más adecuados para viabilizar el paradigma conceptual sobre el cual se sustenta la propuesta curricular. Desde la perspectiva de una organización curricular, centrada en un esquema procesual que reconoce aspectos de interacción social y el desarrollo de las diferentes dimensiones del ser humano, se presta atención al desarrollo de procesos complejos, antes que al alcance de objetivos predeterminados. De esta manera, se reafirma la comprensión del currículo como un puente entre las necesidades y características del contexto y las particularidades y dinámicas propias de la institución educativa y los perfiles de formación que pretende alcanzar.

En consecuencia, el diseño y la gestión curricular de cada institución educativa se articula a las demandas externas, a partir de la formulación de un perfil de formación que permite articular las características del contexto, las políticas educativas y los componentes curriculares, que al interior de la institución, permiten el alcance de las metas formativas.

El perfil de formación: núcleo del proceso curricular

Desde la perspectiva de la formación por competencias, es fundamental tener claridad acerca del perfil esperado y de la forma en que este responde a las necesidades y características de una sociedad en un momento histórico determinado. Este perfil se estructura en función de unas intencionalidades formativas específicas, contextualizadas en el marco de las políticas y fines educativos del país, región o localidad, y en los horizontes de la institución en la cual se desarrollará el proceso educativo.

Es importante no perder de vista que el perfil proyectado se define a través de dos aspectos: el deseo y la posibilidad. El primero es independiente de las condiciones sociales de existencia, y el segundo atiende a las restricciones que imponen estas condiciones. Definido el perfil, se procederá a establecer los componentes internos del currículo (competencias, logros, indicadores, contenidos, estrategias y evaluación), y sus interrelaciones, con el fin de facilitar el cumplimiento de las intencionalidades formativas que subyacen a éste atendiendo a las condiciones de posibilidad propias de la institución

Las competencias como meta fundamental del proceso formativo

Sin perder de vista que las competencias están constituidas por un saber, un saber hacer y un saber ser, y que el saber trasciende lo meramente nemotécnico para convertirse en una forma de ser y de actuar con criterio y consciencia en el mundo, y que además estás suponen para el estudiante no sólo la aprehensión y apropiación de conocimientos, sino el desarrollo de habilidades y actitudes para comprenderlos, transferirlos y aplicarlos adecuadamente en otros contextos, es importante para su formulación atender a cuestionamientos como: ¿Cuáles son las competencias que se requiere potenciar para alcanzar el perfil proyectado?, específicamente, ¿qué se necesita para lograr el perfil proyectado en relación con conocimientos, habilidades, actitudes y procedimientos?, ¿qué estrategias y mecanismos de aprendizaje y evaluación facilitan el desarrollo de estas competencias?

Es importante anotar, en relación con lo anterior, que las competencias se constituyen en los rasgos característicos de la persona que se forma, y se manifiestan en sus acciones; por tanto, pueden ser formuladas, posibilitadas y evaluadas como características susceptibles de ser evidenciadas en distintos ámbitos y circunstancias de acción, lo que nos lleva a pensar en las competencias asociadas a desarrollos transversales de la persona y no a áreas de conocimiento específicas.

Para efectos curriculares, las competencias deberán formularse atendiendo a las diferentes dimensiones de desarrollo del individuo y promoviendo, además, un pensamiento estratégico que posibilite la reflexión y la acción para seleccionar y aplicar procedimientos propios de cada disciplina. El estratega debe lograr un pensamiento estratégico en el cual la acción garantice que la reflexión se cumpla, y, a su vez, que la reflexión incorpore la lógica de la acción. En el ámbito de las competencias el saber, el saber hacer y el saber ser, trascienden lo meramente disciplinar para convertirse en acciones estratégicas.

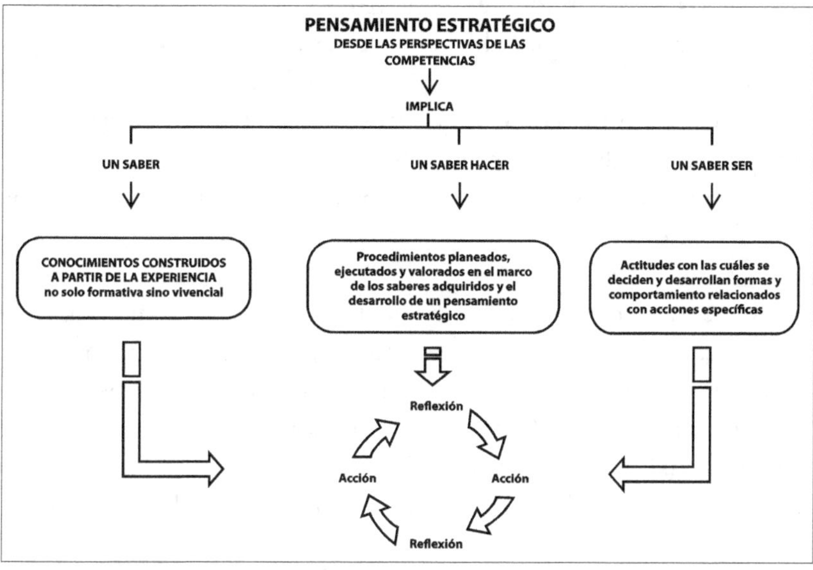

Pensamiento estratégico desde la perspectiva de las competencias.

Esto implica que en cada una de las áreas se formularán logros (metas de aprendizaje) que respondan por estas competencias y cuyo alcance pueda ser evidenciado mediante indicadores de logro (grado de aprendizaje alcanzado en la búsqueda de un determinado propósito formativo), a través de la aplicación de procedimientos propios de cada disciplina.

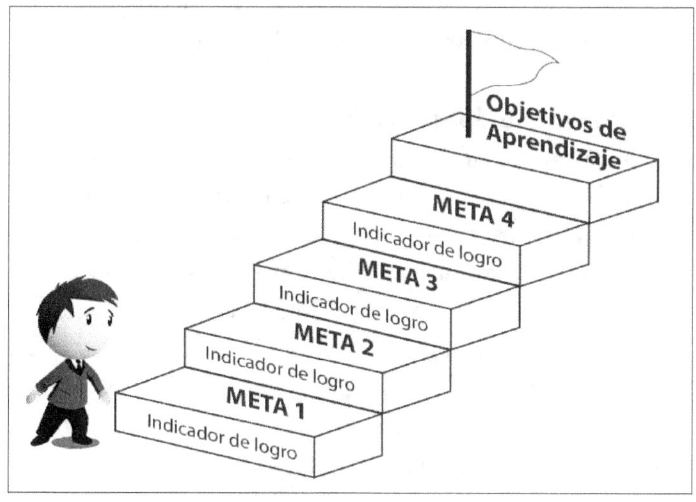

Indicadores de logros y objetivos de aprendizaje.

Los contenidos como medio formativo para el desarrollo de competencias

Los contenidos, de acuerdo con lo propuesto por Mora y Ferro (1996), están formados por todo lo que se quiere enseñar, aunque tradicionalmente han hecho referencia sólo al listado de temas relativos a conceptos; no sólo comprenden los saberes, sino los procedimientos y actitudes. Además, constituyen un instrumento imprescindible para el desarrollo de las capacidades de los alumnos; por consiguiente, no deben ser un fin en sí mismos, sino un medio para lograr los propósitos del proyecto curricular de cada institución.

De acuerdo con el tipo de contenido, se requiere de un tratamiento didáctico diferenciado y explícito en las estrategias de enseñanza, aprendizaje y evaluación. Es importante tener en cuenta que los contenidos conceptuales hacen referencia a hechos (sucesos o acontecimientos), datos (informaciones puntuales) y conceptos (nociones que permiten interpretar y dar significado, reconocer clases de objetos naturales, sociales y culturales).

Existen diferencias entre los hechos, los datos y los conceptos, porque cada uno representa categorías diferentes: un dato puede ser enunciado; un hecho, narrado y, un concepto, definido. Una de las características más importantes de los conceptos es que su significado se establece a partir de la relación que tiene cada uno de ellos con otros. La relación que existe entre los conceptos estructurantes (atraviesan todos los contenidos de un área: ser vivo, número) y los conceptos específicos (referentes a los contenidos particulares de un área: animales cuadrúpedos), está dada por la organización jerárquica del conocimiento de cada área.

Por otra parte, los contenidos procedimentales hacen referencia a un saber cómo hacer y a un saber hacer, entendidos como actuaciones ordenadas y orientadas hacia la consecución de una tarea. Pueden clasificarse en: generales, algorítmicos y heurísticos; de componente motriz y de componente cognitivo. Estos no deben confundirse con la metodología o con las actividades de aprendizaje que el maestro realiza en clase; hacen referencia a las acciones, a las formas de actuar y de resolver problemas que el alumno debe construir. Por tanto, deben ser objeto en sí mismos de la planeación y de la acción educativa. Son fundamentales para el aprendizaje de otros contenidos, como los conceptuales y los actitudinales.

En la práctica, generalmente se han trabajado en forma conjunta con los demás contenidos y han aparecido en la planeación. Sin embargo, sólo pueden convertirse en contenidos del currículo, si el maestro tiene la intención explícita de realizar actividades de aprendizaje que permitan al alumno adquirirlos independientemente de los conceptos o las actitudes; este tipo de contenidos son esenciales para potenciar en el alumno las capacidades para aprender autónomamente.

Finalmente, los contenidos actitudinales se refieren a los valores que se manifiestan en las actitudes, entendidas éstas como las tendencias a actuar de acuerdo con una valoración personal; involucran componentes cognitivos como conocimientos y creencias, componentes afectivos como sentimientos o preferencias, y componentes conductuales como acciones manifiestas. Las actitudes tienen un carácter dinámico que depende de las informaciones y circunstancias nuevas, las actitudes de otras personas y los niveles de desarrollo moral.

Este tipo de aprendizajes se posibilitan en la interacción del individuo con otros y consigo mismo; pueden ser propiciados por la incorporación de estrategias grupales, resolución de problemas, estudios de caso, etc., y no constituyen un área separada, por el contrario, son parte integral de todas las áreas de aprendizaje. Tradicionalmente, no se han trabajado de manera directa y sistemática en el salón de clase, pues se cree que se aprenden de manera espontánea. Además de ser contenidos en sí mismos, guían los procesos perceptivos y cognitivos que conducen el aprendizaje de los otros tipos de contenidos.

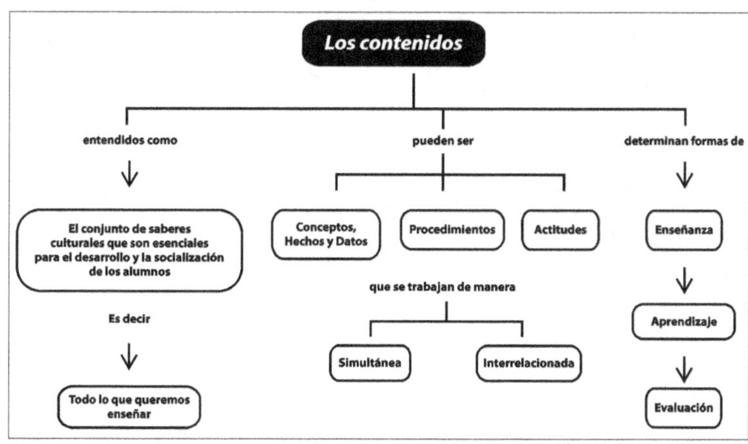

Los contenidos (Mora y Ferro, 1996).

Las actividades didácticas y evaluativas: herramientas fundamentales para la formación por competencias

Independientemente de las orientaciones conceptuales y de sus diferencias, enseñar y aprender son procesos complejos que no se pueden generalizar en fórmulas ni en metodologías por fuera de las condiciones y los personajes que intervienen en ellos, por fuera del objeto de enseñanza o fuera de las condiciones de aprendizaje (Guzmán, 2010, p. 17), esto equivale a decir que la selección de las actividades didácticas debe ser coherente con los logros e indicadores que se pretende alcanzar, y con las características y procedimientos propios de los contenidos que se espera enseñar por medio de éstas.

Las actividades didácticas, como pauta de intervención en el aula, deben ser seleccionadas, diseñadas, aplicadas y evaluadas de manera intencional y consciente; no todas las didácticas potencian todos los contenidos o habilidades, por lo que es necesario conocer sus potencialidades y adecuarlas a las necesidades formativas específicas, en la medida en que las didácticas potencian aprendizajes particulares pueden también convertirse en mecanismos adecuados para la valoración de estos.

Dada la importancia que este tema tiene en el ámbito formativo, el capítulo 3 del presente libro, se dedica a ofrecer una fundamentación más amplia y algunas alternativas para su diseño y ejecución, en función de los procesos propios de la gestión curricular por competencias.

3. Estrategias didácticas y evaluativas en el marco de la formación por competencias

Estrategias didácticas: facilitadoras de procesos de aprendizaje reflexivos y autogestionados

La formación de un sujeto autónomo que esté en capacidad de apropiar conocimientos gracias al desarrollo de sus competencias, actuar en coherencia con estos y con sus propios sistemas de valor, exige el diseño de experiencias de aprendizaje que permitan una reflexión permanente acerca de este y de sus implicaciones, tanto en el desarrollo individual como social; este proceso exige al docente tomar conciencia sobre la importancia de las estrategias de enseñanza y aprendizaje como motor de los procesos formativos, en tanto estos no sólo se restringen a procesos cognitivos, sino que incorporan aspectos relacionados con la disposición, acción y motivación del estudiante.

> "Las reflexiones teóricas que parten de la estructura de situaciones de aprendizaje escolares aceptan que, en comparación con el aprendizaje incidental, la escuela ofrece condiciones estructuralmente favorables para la adquisición de estrategias efectivas de aprendizaje de un grado de generalidad medio. Pues el aprendizaje en la escuela, en comparación con otras situaciones vitales, está, en gran medida, diferenciado temáticamente, estandarizado institucionalmente, y edificado sobre procesos sistemáticos y de larga duración, de tipo acumulativo. El marco constante de la clase se preocupa por una continuidad temática y por la complejidad. Al mismo tiempo, la estructura de las situaciones, más allá de contenidos, es mucho más homogénea de lo que vale para las situaciones de la vida cotidiana fuera de la escuela"
>
> (Narvaja, 1998, p. 2).

En consecuencia, el aprendizaje escolarizado supone la incorporación consciente y planificada de estrategias de enseñanza-aprendizaje para el docente y el estudiante, lo que favorece el aprendizaje significativo, porque posibilitan la asociación entre los conocimientos nuevos y los ya apropiados, la selección de procedimientos adecuados para la resolución de tareas contextualizadas y la reflexión continua en relación con los aprendizajes logrados, permitiendo potenciar procesos de autorregulación y autonomía; es decir, mecanismos para aprender a aprender:

> "Las estrategias son muy útiles en cuanto que dinamizan mental y operativamente la actividad del aprendizaje escolar. Esto supone el desarrollo de un tipo de conocimiento y desarrollo de la inteligencia estratégica de los alumnos"
>
> (Castillo y Polanco, 2005, p. 80).

Establecida la importancia de las estrategias para el aprendizaje escolar, es importante revisar algunos de los conceptos construidos alrededor de las mismas, a continuación se examinarán.

Algunos autores afirman que una estrategia está compuesta por un conjunto de procedimientos conscientes (controlados), autodirigidos (individuales y espontáneos) y genéricos (utilizables en cualquier situación de aprendizaje), que son empleados en una situación particular para lograr algún objetivo, fin o meta, mediante la aplicación de conocimientos, habilidades y actitudes.

Esa práctica que nos posibilita el desarrollo de habilidades, se logra mediante la aplicación de un conjunto de acciones planificadas y dirigidas a la consecución de una meta, justamente lo que se entiende como procedimiento, diferente de una técnica, pues esta última es mucho más rígida y se halla completamente determinada; su correcta ejecución garantiza la solución de la tarea propuesta, lo que indica su escaso nivel de flexibilidad, es decir, un uso automático o mecánico.

Así pues, se distingue claramente entre técnicas y estrategias, pues mientras las primeras se refieren a una secuencia automatizada de acciones, las segundas implican una secuencia de procedimientos realizada de forma más planificada y controlada. Otros autores, centrados en el aprendizaje, la definen como una secuencia de procedimientos encaminados a determinadas metas de aprendizaje, cada uno de los procedimientos que conforman la secuencia correspondería a una técnica.

Para efectos de esta propuesta, la estrategia didáctica es entendida como un conjunto de procedimientos diseñados y estructurados en función de una meta de formación, formulada a partir de los contenidos y habilidades que un estudiante debe aprender en relación con un conocimiento específico; asumimos, en este sentido, que el saber está configurado por una serie de conocimientos universales que el sistema educativo selecciona para la formación de un ser humano particular, en una sociedad y momento histórico determinado.

De esta manera, el diseño de estrategias didácticas garantiza que el maestro se incorpore de manera activa a la gestión del currículo desde su práctica docente, en tanto estas se planifican, desarrollan y evalúan a partir del alcance de un perfil de formación institucional previamente acordado, y de unos objetivos específicos para cada momento de aprendizaje. Además, desde la óptica del estudiante (estrategia de aprendizaje), supone un compromiso de planeación, monitoreo y reflexión para la construcción de su propio saber y, principalmente, su capacidad de aplicarlo en su vida cotidiana.

En relación con la enseñanza, el diseño de una estrategia supone reflexionar sobre la propia didáctica, y en función de este ejercicio, tomar intencionalmente decisiones oportunas sobre el planteamiento del proceso de mediación en el aula, para lograr aprendizajes significativos. En esa medida, el docente está llamado a diseñar planes de acción que faciliten los procesos de aprendizaje y estén en consonancia con los propósitos de formación previstos.

De ahí la necesidad de explorar nuevas alternativas didácticas que respondan a las necesidades e intereses de los estudiantes y a las exigencias del contexto. Como lo menciona Monereo (1995): "el profesor, a lo largo de la formación continuada durante el ejercicio profesional, deberá seguir siendo un aprendiz estratégico de su materia, en función de las necesidades de formación que se le planteen" (p. 53).

Desde esta perspectiva, se espera que el docente planifique, oriente y retroalimente constantemente el proceso, estableciendo claramente las metas de aprendizaje, el proceso a seguir, las acciones implicadas en el proceso formativo, los recursos y los tiempos que se requieren. En el ámbito de las acciones, podrá recurrir a las actividades didácticas que más se ajusten a la estrategia diseñada.

En lo que respecta al aprendizaje, las estrategias corresponden a procedimientos conscientes e intencionales que utiliza un estudiante para alcanzar un logro relacionado con el aprendizaje; esta selección la hace en función de su estilo de aprendizaje, sus conocimientos, actitudes, habilidades y destrezas, y todos los condicionamientos que presenta la tarea a resolver.

En otras palabras, estas estrategias incorporan las acciones o procedimientos a efectuar para el desarrollo de procesos de aprendizaje, y son empleadas de forma consciente o deliberada en una situación particular. Es importante que en la estrategia didáctica diseñada por el docente se incluyan acciones de aprendizaje, con el fin de propiciar que el estudiante gestione su proceso, de tal forma que éste sea realmente significativo y pertinente.

Finalmente, como algunos autores lo afirman (Marti 1995, Burón 1997, Pozo 1999, entre otros) y como se desprende de lo dicho hasta este punto, el desarrollo de cualquier acción de aprendizaje implica un proceso que es diseñado en principio por el docente y en cuya ejecución deberán participar activamente los estudiantes, mediante una reflexión metacognitiva sobre el proceso de aprendizaje.

En efecto, Kurtz (1990), retomado por Burón (1997), expone dos maneras en las que la metacognición regula el uso eficaz de las estrategias:

- Para que una persona pueda formular una estrategia, antes debe tener conocimiento de estrategias específicas y saber cómo, cuándo y por qué debe usarlas (metacognición).

- A través de la función autorreguladora, la metacognición hace posible observar la eficacia de las estrategias elegidas y cambiarlas según requiera la tarea.

Precisamente, este último punto nos muestra la aplicabilidad de las estrategias y la funcionalidad de las mismas, en el proceso de autorregulación que se lleva a cabo al momento de realizar una acción, pues estas secuencias de acciones planificadas deben ajustarse a los mecanismos reguladores, que son en últimas los que controlan su aplicación; es decir, que el regulador tendrá la función de aprobar una estrategia o bien rechazarla y cambiarla, si no contribuye a la consecución del objetivo planteado inicialmente.

Para una mejor comprensión de los conceptos y de su interrelación en el marco de un proceso formativo, presentamos a continuación un ejemplo de los diferentes componentes de una estrategia didáctica.

Estrategia Didáctica Aprendizaje basado en problemas		
Acciones de enseñanza	**Acciones de aprendizaje**	**Acciones metacognitivas**
Lluvia de ideas para la selección de la temática alrededor de la cual gira el problema Formulación de preguntas sobre el conocimiento previo de los estudiantes en relación con el tema Presentación de ilustraciones que contribuyan a delimitar el problema Diseño y presentación de guía de observación	Elaboración de ideograma Desarrollo de guía de observación Lectura autorregulada Producción de textos argumentativos para presentar la solución al problema	Elaboración de cuestionario

Componentes de una estrategia didáctica.

Enmarcados en estos postulados, y con el fin de facilitar el proceso de diseño de estrategias didácticas, ofrecemos a continuación una serie de cuadros que presentan algunas formas que podrán ser adecuadas para el propósito de formación y al tipo de contenido que se pretende aprender. Es importante recordar que las estrategias y acciones presentadas corresponden a procedimientos flexibles y, por lo tanto, susceptibles de ser adaptados a distintas fases, intencionalidades y condiciones de la situación de aprendizaje.

Estrategias didácticas

Estrategia	Utilidad	Pasos para su desarrollo	Acciones didácticas asociadas
Aprendizaje basado en problemas Estrategia mediante la cual un equipo de estudiantes se reúne para resolver un problema seleccionado o construido especialmente para lograr determinados objetivos de aprendizaje.	Permite la integración del conocimiento, posibilita la transferencia y aplicación del mismo. Permite la creación de nuevos escenarios de aprendizaje y promueve el trabajo interdisciplinario. Su diseño es flexible y busca la participación activa de estudiantes y profesores. Favorece la motivación del estudiante, ya que ellos adquieren un conjunto de herramientas para aplicar en diferentes contextos de desempeño. Permite el desarrollo de habilidades de relación interpersonal y trabajo en equipo.	✓ Formulación o establecimiento del problema ✓ Recopilación de la información relacionada con el problema ✓ Identificar las preguntas o incógnitas asociadas al problema ✓ Formulación de respuestas o resolución del problema ✓ Verificar la validez de la respuesta o solución propuesta	✓ Ideogramas ✓ Lectura autorregulada /lectura dirigida ✓ Producción de textos argumentativos ✓ Ejercicios de contrastación y comparación. ✓ Análisis de contexto
Estudio de caso Esta estrategia se desarrolla relatando una situación que se llevó a cabo en la realidad, en un contexto semejante a aquel en el que se pueden desempeñar los estudiantes y en el que se debe tomar decisiones.	Permite al estudiante desarrollar habilidades de pensamiento y contrastar sus reflexiones con las alternativas de solución. Genera disposición para el trabajo cooperativo y la capacidad de escuchar y respetar propuestas diferentes. Por último, permite el desarrollo de la creatividad y la capacidad de tomar decisiones.	✓ Establecer el caso a estudiar ✓ Recopilar toda la información relacionada con el caso ✓ Analizar la información obtenida ✓ Elaborar el informe de acuerdo con las características específicas del caso y las metas propuestas al inicio del estudio	✓ Lectura autorregulada ✓ Producción de textos ✓ Descripción ✓ Diseño, aplicación y sistematización de encuestas ✓ Ideogramas

Aprendizaje basado en proyectos Coloca a los estudiantes en situaciones que los conduzcan a recuperar, comprender y aplicar los diversos aprendizajes, como un recurso para proponer mejoras en los distintos contextos en los que se desenvuelve. Consiste en el desarrollo de experiencias de aprendizaje que involucran al estudiante en proyectos complejos del mundo real.	Favorece la creatividad del alumno, su capacidad de trabajo autónomo, su habilidad para desarrollar proyectos de investigación y aplicación del conocimiento adquirido, y permite desarrollar su habilidad para el trabajo productivo y contextualizado. Favorece las prácticas innovadoras orientadas al futuro y se centran en actividades y productos de utilidad social o interés para los organizadores.	✓ Establecer el objetivo del proyecto ✓ Identificar acciones, recursos y tiempos necesarios para la realización del proyecto ✓ Asignar roles y responsabilidades ✓ Desarrollar el proyecto ✓ Evaluar el proyecto y determinar su impacto	✓ Lectura comprensiva ✓ Análisis de situaciones ✓ Formulación de propuestas Diseño de productos o procesos ✓ Evaluación de productos y /o procesos
Aprendizaje cooperativo	Favorece el desarrollo de todas las dimensiones del ser humano mediante la interacción, el respeto y el reconocimiento mutuo. Favorece el cultivo de los valores sociales de mutua colaboración y responsabilidad compartida. Afirma la responsabilidad individual y la responsabilidad de grupo. Permite validar las ideas individuales y el consenso colectivo.	✓ Establecer metas específicas ✓ Disponer los recursos ✓ Asignar roles y responsabilidades	✓ Preguntas previas y establecimiento de propósitos. ✓ Lectura autorregulada ✓ Armar rompecabezas ✓ Lego

Algunas estrategias didácticas.

Acciones de enseñanza

Actividad didáctica	Descripción	Utilidad
Preguntas previas y formulación de propósitos	Consiste en plantear diversas preguntas relacionadas con el tema, y luego formular un propósito para ser alcanzado en el proceso de aprendizaje.	Permite al profesor conocer el nivel de desarrollo de las competencias de sus alumnos y utilizar estos saberes previos para la promoción de nuevos aprendizajes. Además, permite explicar a los estudiantes las intenciones formativas, les ayuda a desarrollar expectativas adecuadas sobre el curso y a encontrar sentido a los aprendizajes involucrados.
Lluvia de ideas	Requiere que ellos expresen lo que conocen sobre un tema particular o una idea, antes de iniciar un tema objeto de estudio. Los estudiantes pueden trabajar individualmente o en parejas, socializando luego con el grupo.	Permite el desarrollo del aprendizaje cooperativo, pues posibilita aprender de los pares en el proceso académico. Igualmente, es útil como actividad de apertura a una unidad temática para potenciar el enlace entre conocimientos previos y conocimientos nuevos.

Matriz C-Q-A	Requiere que los alumnos focalicen su atención en tres preguntas: dos antes de acceder al tema de estudio (¿Qué conozco sobre el tema? y ¿Qué quiero aprender?), y una después de haber ejecutado las actividades (¿Qué aprendí?).	Las dos primeras preguntas activan el conocimiento previo de los estudiantes y permiten establecer los propósitos frente al tema, generando preguntas que ellos desean responder. La última pregunta permite hacer una reflexión metacognitiva, y establecer una comparación entre las expectativas generadas y los logros alcanzados.
Ilustraciones	Incluyen fotografías, medios gráficos, entre otros, que representan la realidad visual que nos rodea con varios grados de fidelidad.	Permiten dirigir y mantener la atención de los alumnos, explicar en términos visuales lo que sería difícil comunicar de forma puramente verbal. Favorecen la retención e integración de la información, así como el interés y la motivación de los alumnos.
Ideogramas	Un ideograma es un gráfico o esquema que muestra una representación mental de relaciones entre conceptos o ideas. Este se construye a partir de unas reglas específicas que determinan la construcción conceptual. Dentro de los más usados figuran el mapa mental, el mapa conceptual, el diagrama de flujo y el mentefacto conceptual.	Favorecen el aprendizaje significativo porque posibilitan el establecimiento de relaciones entre conceptos. Además, favorecen el desarrollo de habilidades cognitivas y finalmente, permiten el desarrollo de procesos metacognitivos porque potencian la reflexión sobre los resultados del propio aprendizaje.
Lectura dirigida	Estrategia mediante la cual el docente establece los parámetros a seguir para desarrollar el proceso lector y propone las herramientas más adecuadas para cada nivel de lectura (global, lineal y crítica).	Permite orientar el proceso lector para que, a partir de este modelo, el estudiante pueda desarrollarlo luego de forma autónoma, logrando altos niveles de comprensión mediante una lectura estratégica.
Resúmenes	Como estrategia de enseñanza es elaborado por el profesor para luego proporcionarlo al estudiante. Un buen resumen debe comunicar las ideas de manera breve y precisa. Puede incluirse antes de la presentación de un texto o lección, aparecer al final, o irse construyendo en forma acumulativa durante la secuencia de enseñanza.	Permiten ubicar al alumno dentro de la estructura o configuración general del saber que se va a aprender, posibilita hacer énfasis en la información importante, organizar, integrar y consolidar la información.
Preguntas intercaladas	Se plantean al alumno a lo largo de la situación de enseñanza y tienen como intención facilitar su aprendizaje. Por lo general, éstas se redactan bajo reactivos de respuesta breve o para completar, otro tipo puede referirse a respuestas abiertas de tipo ensayo.	Permiten mantener la atención y el nivel de activación del estudiante a lo largo del proceso. Posibilitan dirigir sus conductas de estudio hacia la información más relevante, además, favorecen el aprendizaje significativo del contenido.
Analogías	Es una comparación que se establece entre dos elementos (objetos, conceptos, situaciones, etc.). Se puede emplear cuando la información que se ha de aprender se preste para relacionarla con conocimientos aprendidos anteriormente, siempre y cuando el alumno los maneje bien. Puede estar reforzada por medio de ilustraciones.	Permiten incrementar la efectividad en la comunicación, proporcionar experiencias concretas o directas que preparan al alumno para experiencias abstractas y complejas; además, favorecen el aprendizaje significativo.

Algunas acciones de enseñanza.

Acciones de aprendizaje

Actividades didácticas	Proceso de pensamiento potenciado por la actividad	Habilidad de pensamiento que moviliza la actividad	Descripción	Utilidad
Ideograma	Comprender Aplicar Crear Evaluar	Codificar, describir, definir, analizar, sintetizar, categorizar, integrar	Un ideograma es un gráfico o esquema que muestra una representación mental de relaciones entre conceptos o ideas. Se construye a partir de unas reglas específicas que determinan la construcción conceptual.	Permite desarrollar habilidades para: ✓ Analizar y sintetizar información ✓ Observar y establecer relaciones ✓ Categorizar y organizar la información ✓ Conceptualizar ✓ Hacer una reflexión metacognitiva
Lectura autorregulada	Recordar Comprender Aplicar Crear Evaluar	Codificar Resumir Analizar Sintetizar Integrar Argumentar	Colección sistemática y organizada de los productos elaborados por los estudiantes en su proceso de aprendizaje, de acuerdo con las metas establecidas. Permite comprender el desarrollo de los instrumentos cognitivos (nociones, proposiciones, conceptos y categorías), afectivos (valores, actitudes, normas), y actuacionales (procedimientos y técnicas).	Favorece el desarrollo de habilidades para: ✓ Formular hipótesis de lectura ✓ Contrastar hipótesis con la información del texto ✓ Interpretar y recuperar el sentido de un texto ✓ Sintetizar la información presentada ✓ Evaluar la información proporcionada ✓ Autorregular el proceso lector
Producción de textos (resumen, reseñas, ensayo, etc.)	Comprender Aplicar Crear Evaluar	Codificar Resumir Integrar Argumentar Proponer Evaluar	Ejercicio cognitivo y lingüístico que implica, tanto el conocimiento de los recursos gramaticales que posee la lengua, como el seguimiento de un proceso sistemático de creación.	Permite desarrollar capacidad para: ✓ Sintetizar información ✓ Construir y socializar conocimiento ✓ Evaluar información presentada en un texto ✓ Argumentar posiciones propias ✓ Trabajar de forma independiente y autorregulada.

| Portafolio | Comprender

Aplicar

Evaluar | Resumir

Analizar

Sintetizar

Integrar

Argumentar

Valorar | Colección sistemática y organizada de los productos elaborados por los estudiantes en su proceso de aprendizaje, de acuerdo con las metas establecidas. Permite comprender el desarrollo de los instrumentos cognitivos (nociones, proposiciones, conceptos y categorías) afectivos (valores, actitudes, normas) y actitudinales (procedimientos y técnicas). | Favorece el desarrollo de habilidades para:

✓ Conceptualizar
✓ Construir y afianzar la capacidad de autocrítica
✓ Autorregular el proceso lector (planificar, monitorear y evaluar) y el proceso de aprendizaje
✓ Desarrollar el aprendizaje autónomo |

Algunas acciones de aprendizaje.

Acciones metacognitivas

Instrumentos Metacognitivos	Descripción	Utilidad
Cuestionario	Conjunto de preguntas como: ¿Qué has aprendido?, ¿qué dificultades has tenido?, ¿qué estrategias empleaste para resolver la tarea? Con el fin de hacer los cuestionarios más útiles y cercanos a la realidad, se aconseja que sean elaborados por el propio profesor, para que sean diseñados según las características de los alumnos y las tareas específicas sobre las que quiere recoger información.	Posibilitan la reflexión metacognitiva al desarrollar en el estudiante la habilidad para tomar conciencia sobre su propio proceso de aprendizaje. Le permite al estudiante conocer mejor sus posibilidades y limitaciones, y seleccionar las estrategias adecuadas para aprender.
Entrevista	La entrevista es muy valiosa, especialmente para complementar el cuestionario, pues después de su aplicación, puede ser muy útil una entrevista con cada alumno para ampliar la información escrita que se ha presentado.	Incrementa en el estudiante su capacidad para aprender independientemente y alcanzar la autorregulación; además, desarrolla actitudes de confianza en sí mismo, de autoestima y de motivación.
Informe	Los informes son elaborados a partir de pautas de observación, y son especialmente valiosos cuando se trata de evaluar a un grupo de alumnos que trabaja en equipo. El observador, bien puede ser un alumno entrenado o el mismo profesor, quien debe atender cuidadosamente a las decisiones que van tomando los estudiantes en la realización de la tarea. Para registrar la observación se puede utilizar un formato en el que se consideran aspectos de la planificación (¿Tratan de comprender cuál es el objetivo?), ejecución (¿Siguen el plan previsto?) y evaluación (¿Valoran la consecución del objetivo?), estos criterios se evalúan en una escala cuantitativa de cinco grados, en la que uno indica la inexistencia de comentarios sobre el aspecto en cuestión, tres trabajan una referencia explícita, pero sin toma de decisiones, y la última, la toma de decisión consciente.	Permite el desarrollo de la coevaluación y el aprendizaje cooperativo, además del aprendizaje autónomo y la regulación metacognitiva.

Carpetas o portafolios	InUna recopilación, hecha por los propios estudiantes, de los documentos producidos durante su periodo de aprendizaje. Esta es una propuesta que enfatiza la autoevaluación y la regulación del proceso de aprendizaje e, indirectamente, la excelencia de la enseñanza, al poner en evidencia si los objetivos perseguidos han sido compartidos por los estudiantes y las actividades instruccionales han favorecido realmente la producción de documentos de calidad.	Esta es una propuesta que enfatiza la autoevaluación y la regulación del proceso de aprendizaje e, indirectamente, la excelencia de la enseñanza, al poner en evidencia si los objetivos perseguidos han sido compartidos por los estudiantes y las actividades instruccionales han favorecido realmente el desarrollo de las competencias previstas.
Autoinforme	Son también llamados protocolos en voz alta, se logran gracias a que los estudiantes pueden pensar en voz alta, y por tanto hacer explícitas las decisiones que van a tomar, que están tomando o que acaban de tomar al realizar una tarea. En el caso de los autoinformes se pide al estudiante que explique, que escriba o que grabe, las razones que le llevan a efectuar unas operaciones y no otras al resolver una tarea. Esta reflexión puede hacerse antes de empezar la tarea, mientras se realiza o una vez finalizada, aunque se recomienda que se realice inmediatamente después de finalizar la tarea.	Permite el desarrollo de la autorregulación, la toma de conciencia de las implicaciones del proceso de aprendizaje, el pensamiento estratégico y la reflexión metacognitiva.

Algunas acciones metacognitivas.

La evaluación: espacio de convergencia entre el conocer y el ser

En el marco de una evaluación centrada en la formación por competencias, es fundamental propiciar que los estudiantes desarrollen saberes, acciones y reflexiones articuladas y coherentes, no desde la obligatoriedad y el cumplimiento, sino desde el compromiso y la motivación nacidos del deseo por aprender y constituirse en personas capaces de ser y hacer con lo que saben, no sólo en su propio beneficio sino del bien común.

El "ser competente" ya no está asociado o limitado únicamente a niveles superiores del desarrollo intelectual, sino a la potenciación de todas las dimensiones del ser humano y a la promoción de sus capacidades individuales; este proceso no es sólo el resultado de un diseño curricular cargado de contenidos, sino de un conjunto de planes de construcción de pensamiento y significado que se promueve a través del currículo. En palabras de Resnick (2004): "el currículo no es un programa que comience después de que se hayan dominado las cosas "básicas". Y no es un programa reservado para una minoría de alumnos, como, por ejemplo, los más dotados".

El currículum por competencias pretende que se comprenda que todo aprendizaje verdadero implica pensamiento, acción y reflexión, que las capacidades de pensar, actuar y sentir pueden nutrirse y cultivarse en todos y cada uno de nosotros; en consecuencia, la responsabilidad de la escuela como institución es generar las estrategias necesarias para que esto sea posible.

Asumir el reto de generar nuevas formas de educar desde la potenciación de las capacidades de nuestros estudiantes, el desarrollo de sus diferentes dimensiones, el reconocimiento de sus estilos y procesos, requiere la generación de dinámicas de trabajo interdisciplinar y una mirada distinta de la evaluación, para garantizar una formación integral que promueva el desarrollo de las diferentes dimensiones del ser humano (cognitiva, corporal, social, comunicativa, ética, lúdica, espiritual, laboral).

En este contexto, la evaluación aparece como un espacio inherente al proceso mismo de formación, que implica a la persona en su esencia, necesariamente diferente de una evaluación externa a este:

> "La evaluación desde la perspectiva de contribuir al desarrollo de la autonomía desde la formación de una consciencia crítica, no podría ser comprendida sólo como una síntesis dialéctica entre una intención de control de la evaluación por objetivos o la evaluación técnica, y una intención de comprensión de la singularidad característica de la evaluación centrada en la individualidad"
>
> (Suárez, 2006).

Desde lo propuesto por Habermas, sería pasar de un modelo evaluativo de la acción, del sujeto-objeto, a un modelo comunicativo o de sujeto-sujeto; es decir, convocar a una evaluación que vea al sujeto como un interlocutor válido de otros sujetos y de éste con el conocimiento; en consecuencia, la acción evaluativa es un continuo no sólo temporal, sino del sujeto frente a sí mismo y de la comunidad como colectividad, cuya finalidad es la transformación con base en la toma de consciencia de las contradicciones que limitan y dominan.

Esto equivale a decir, que es necesario pensar una evaluación que con independencia de los indicadores, competencias o estándares, se asuma como parte esencial en la formación de la persona, de su conciencia, o en la consolidación de la autonomía mediante el conocimiento de sí mismo y la capacidad de reflexión acerca del propio proceso de aprendizaje (Suárez, 2006).

En consonancia con una apuesta evaluativa distinta, lo anterior equivale a revisar la evaluación como mecanismo de control para convertirla en un espacio de formación que, desde sus propias dinámicas, permita al individuo verse a sí mismo como sujeto de aprendizaje y de autovaloración.

La evaluación como proceso de formación

La evaluación es una práctica que permea todo proceso de enseñanza-aprendizaje y que, de alguna forma, evidencia el grado de articulación entre los diferentes elementos constituyentes del proceso formativo determinado para orientar la actividad escolar; en efecto, las tendencias pedagógicas actuales consideran que dentro de este proceso se deben contemplar los objetos del aprendizaje, la metodología, las estrategias, los resultados, e incluso el contexto en el cual se sitúa la acción evaluadora.

Dada su importancia, han sido muchas las aproximaciones al concepto de evaluación desde diversos enfoques pedagógicos; sin embargo, todas ellas están encaminadas a presentar una definición de ésta y a proponer un instrumento válido para efectuarla; incluso desde algunas perspectivas positivistas, este último se ha sobrevalorado de tal manera que su implementación determina la confiabilidad de la evaluación misma y del aprendizaje de los sujetos evaluados, desconociendo que el resultado de una prueba no es una garantía per se de la formación alcanzada por el estudiante.

Dentro de los modelos pedagógicos tradicionales, la evaluación era concebida como un instrumento para "medir" el grado de aprendizaje de los conocimientos impartidos por los docentes, con lo cual se apuntaba a la determinación de las falencias o dificultades de los estudiantes. Es decir, que la evaluación estaba reducida a su función de valoración final sobre resultados evidenciados mediante pruebas o exámenes cuyas preguntas buscaban básicamente la repetición de información establecida. En este sentido, y desde un punto de vista social y político, la evaluación se asume como un mecanismo de control y de certificación de un conocimiento, lo cual más que inherente al proceso de formación, la sitúa en función de la inserción en el ámbito laboral.

Con el surgimiento de nuevos modelos se replantea la perspectiva de la evaluación, desde el análisis de su funcionalidad y sus alcances como reflejo del proceso de aprendizaje; de esta manera se asume que además de convertirse en una radiografía conceptual del alumno, el formato de evaluación debe dar cuenta de sus esquemas mentales y, en consecuencia, de las estrategias adoptadas para alcanzar las metas propuestas. Desde esta óptica, las preguntas que orientan el proceso de evaluación pasan a ser:

¿Qué sucede en el aprendizaje del alumno y cuáles son las implicaciones de los resultados hallados?, aspecto desde el cual se configura una percepción más cualitativa que cuantitativa.

Ahora bien, aunque la concepción cualitativa permite ampliar la mirada del fenómeno de la evaluación, se ve restringida a lo descriptivo, por lo que surge la discusión en torno a si efectivamente este proceso se centra en la recolección de información o debe involucrar otros factores; de esta reflexión surge un paradigma crítico, a partir del cual el proceso implica una relación dialéctica entre los diferentes factores involucrados, así como un fuerte componente de autorreflexión desde la autonomía, tanto del evaluador como del evaluado.

Así las cosas, las estrategias propuestas en un ejercicio de evaluación, además de conocimientos deben permitir la valoración de procedimientos, estrategias, actitudes y mecanismos de autorregulación; es decir que además de permitir una aproximación al proceso de aprendizaje de los alumnos, debe ofrecer una muestra del proceso de enseñanza para considerar los ajustes pedagógicos necesarios y planificar las experiencias de aprendizaje mediado que serán el soporte del ejercicio docente.

La evaluación se erige entonces como columna de las prácticas de aprendizaje de los estudiantes y como herramienta para la cualificación de las prácticas de enseñanza, para modificar procesos e implementar estrategias que estén orientadas al desarrollo del límite superior de las competencias del sujeto, es decir a desarrollar su potencial de aprendizaje. La utilidad de los resultados arrojados en los procesos de evaluación adquiere la relevancia que durante tantos años ostentó el instrumento de cuantificación, en la pedagogía tradicional.

Entendida la evaluación como proceso, se hace necesario hacer una revisión de los diferentes momentos implicados en ella, de ahí que se consideren tres fases esenciales: la evaluación diagnóstica, formativa y sumativa.

La evaluación diagnóstica se aplica antes de iniciar el proceso de aprendizaje, y dentro de ella se distinguen dos tipos: evaluación inicial y evaluación puntual.

La primera corresponde a aquella que se realiza con el propósito de identificar el grado de preparación cognitiva de un estudiante y determinar si cuenta con las competencias necesarias para iniciar un determinado nivel o ciclo de formación. La segunda, atañe a la valoración de los conocimientos y experiencias previos del estudiante, de tal forma que estos se puedan articular con los nuevos conocimientos, en aras de un aprendizaje realmente significativo.

Con relación a los conocimientos previos, Díaz Barriga (1999), afirma que pueden asumir tres formas distintas:

1. Conocimientos previos alternativos.

2. Conocimientos previos desorganizados, y/o parcialmente relacionados con los nuevos que habrán de aprenderse.

3. Conocimientos previos pertinentes.

En todo caso, el docente o mediador debe seleccionar y aplicar las estrategias adecuadas para determinar, por un lado, cuál es el conocimiento previo, y por otro, a qué naturaleza corresponde o qué forma asume, con el fin de promover experiencias de aprendizaje para que el alumno pueda construir sobre ellos, aprendiendo, desaprendiendo o reorganizando, según sea el caso.

Aunque se haga referencia al conocimiento previo dentro de la evaluación diagnóstica, esto no implica que necesariamente se apunta sólo a la identificación de conceptos, leyes o teorías que maneja el estudiante; también debe estar orientada al reconocimiento de estrategias, técnicas, actitudes, motivaciones, y en fin, todo aquello que hace parte de la experiencia del sujeto y que configura sus esquemas de pensamiento. Es decir que, además de recuperar los elementos de orden declarativo, la evaluación también debe ofrecer información en cuanto a lo procedimental y lo actitudinal.

La evaluación formativa o formadora es parte esencial del proceso de aprendizaje, por cuanto es el eje transversal del mismo, resultando de la interacción entre el estudiante y el docente en el marco de las distintas experiencias de aprendizaje. Esta evaluación permite determinar el grado de independencia que va adquiriendo el alumno para la resolución de las tareas propuestas, es decir el nivel de desarrollo de las competencias y el alcance de los propósitos de formación. En últimas, es el camino gradual hacia la autorregulación; en este sentido, según San Martí y Jorba (1995), el estudiante debe aprender por lo menos tres cosas:

- Identificar los motivos y objetivos del aprendizaje que se quiere realizar.

- Anticipar, representar y planificar las operaciones necesarias para realizar cada proceso de aprendizaje mediante la selección de procedimientos, estrategias, órdenes de ejecución, resultados esperados, etc.

- Identificar los criterios de evaluación para saber si las operaciones se desarrollan como estaba previsto y establecer los correctivos que se requieran.

En el contexto del docente, la validez de esta evaluación radica en la posibilidad de determinar la eficacia de las estrategias didácticas y reorientar oportunamente el proceso. Para ello, es fundamental establecer con claridad los criterios de valoración con relación a la apropiación del estudiante de conceptos, estrategias, habilidades de pensamiento, entre otros.

Por último, encontramos la evaluación sumativa, en la cual se valoran los resultados del aprendizaje al término de un proceso. Mediante su aplicación, tanto docentes como estudiantes pueden verificar el alcance de los propósitos previstos y el nivel de desarrollo de las competencias propuestas al inicio del aprendizaje.

Más que atender al proceso de aprendizaje, tal como lo persigue la evaluación formativa, en este momento se apunta a la revisión del producto final o la sumatoria de todas las etapas anteriores, no con el objetivo de medir el éxito o fracaso de los estudiantes, sino de determinar el alcance de los logros propuestos, al tiempo que la eficacia de la mediación y de la interrelación entre los distintos actores del proceso educativo.

En este sentido, la evaluación sumativa se convierte en pieza clave para revisar la articulación entre los contenidos propuestos, las competencias a desarrollar, los ejercicios didácticos y la evaluación aplicada, y más aún, las condiciones de producción de ese proceso de aprendizaje, teniendo en cuenta que éste se da en condiciones determinadas. Al respecto, las palabras de González Pérez (2000), son muy acertadas al afirmar, con relación a la evaluación, que:

> "Cada componente debe verse en su interrelación y en su inserción en un sistema mayor, así como en su ubicación en condiciones sociohistóricas concretas. De esta manera, la evaluación, y el acto evaluativo como unidad, suponen operaciones o subprocesos que van desde el establecimiento de los objetivos o propósitos, la delimitación y caracterización del objeto de evaluación, la definición (selección, elaboración) y aplicación de los instrumentos para la recogida de información, el procesamiento y análisis de dicha información, su interpretación y expresión en un juicio evaluativo, la retroinformación y toma de decisiones derivadas de él, su aplicación y valoración de resultados. Para recomenzar en un ciclo ascendente, progresivo, que permite, en su dinámica, imprimir el auténtico significado de esta actividad. La evaluación supone, además, su propia valoración".

De lo anterior se deduce que la evaluación no sólo debe apuntar al análisis de los esquemas de pensamiento del estudiante, sino que además debe dar cuenta del proceso mismo en que estos se ponen en funcionamiento y su utilidad como instrumento de análisis y cuestionamiento, en palabras de Nieto y Saiz (2006):

> "El pensamiento crítico ha sido definido como el pensamiento razonado y reflexivo que se centra en decidir qué creer o qué hacer (Ennis, 1987). O, como lo hace Baron (2000): "pensamos cuando no sabemos cómo actuar, qué creer o qué querer" (p. 6). Éste es un pensamiento de orden superior, y como tal, no es un automático sino que requiere autodeterminación, reflexión, esfuerzo, autocontrol y metacognición, puesto que en su ejecución se evalúa no sólo el resultado del pensamiento sino también el proceso mismo del pensamiento. De acuerdo con Halpern (2006): "[...] es la clase de pensamiento que está implicado en resolver problemas, en formular inferencias, en calcular probabilidades y en tomar decisiones. Los pensadores críticos usan esas habilidades adecuadamente en una gran variedad de contextos, sin titubear y conscientemente. Es decir, están predispuestos a pensar críticamente" (p. 6).

Entonces, reconocer la importancia de aspectos como la autodeterminación, el autocontrol y la metacognición, dentro de la evaluación, nos conduce directamente a resaltar el papel del estudiante como juez y parte del mismo proceso; lo que implica acoger estrategias como la autoevaluación, entendida como un experiencia que permite al estudiante valorar de manera objetiva y constructiva su propio nivel de desempeño, en aras de lograr la autogestión de su proceso y por ende la autorregulación y autonomía.

Más aún, para que la evaluación sea formativa e involucre la percepción de los diferentes actores del proceso, es importante asumir otras dos estrategias que complementan la anterior, la coevaluación y la heteroevaluación.

La primera de ellas, como espacio para que, en función de un aprendizaje cooperativo, se verifiquen los avances y dificultades del proceso con un par (compañero de grupo); la segunda, por su parte, como la evaluación que proporciona el mediador del proceso en función de su papel de orientador y promotor de experiencias de aprendizaje, lo que le permitirá retroalimentar oportunamente y encaminar las acciones hacia la consecución de los logros propuestos.

El siguiente esquema nos permite visualizar la correlación entre las fases de la evaluación y las estrategias que se pueden emplear en el proceso:

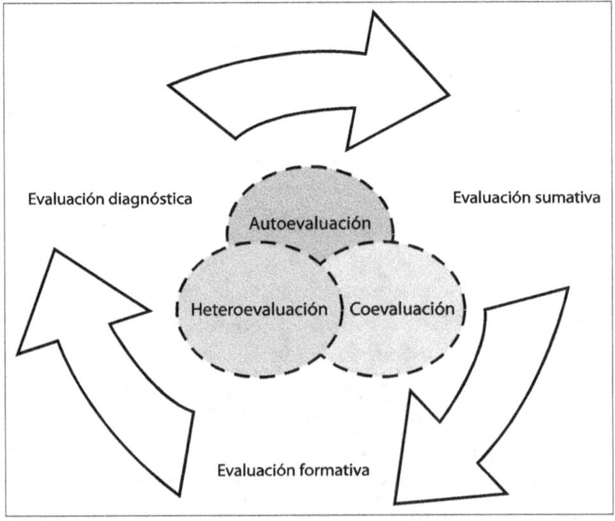

Fases de la evaluación y sus estrategias.

Es importante resaltar que la evaluación se convierte en el núcleo articulador entre las estrategias de enseñanza y las estrategias de aprendizaje, en tanto permite hacer un seguimiento permanente al proceso de aprendizaje y, en esa medida, contribuye a establecer la efectividad de las estrategias implementadas.

Los tipos de evaluación propuestos (diagnóstica, formativa y sumativa) y los momentos de auto, co, y heteroevaluación, se convierten en elementos fundamentales para propiciar procesos de metacognición tanto en el docente como en el estudiante, esto implica tomar conciencia del tipo de contenido que se espera aprender, los propósitos de aprendizaje y las estrategias que se aplicarán para conseguir los fines previstos. En este sentido, es importante tener en cuenta que el tipo de contenido determina, de alguna forma, la manera en que deberá ser enseñado, aprendido y evaluado.

Los nuevos desarrollos en evaluación han traído a la educación lo que se conoce como evaluación alternativa[3], es decir, las nuevas estrategias pedagógicas que pueden ser usadas dentro del contexto de la enseñanza e incorporadas a las actividades diarias del aula (Hamayan, 1995). Aunque no hay una sola definición de evaluación alternativa, lo que se pretende con ella, principalmente, es recopilar evidencia acerca de cómo los estudiantes procesan y completan tareas reales en un tema particular (Huerta, 1995).

A diferencia de la evaluación tradicional, la evaluación alternativa permite:

- Enfocarse en documentar el crecimiento del individuo en cierto tiempo, en lugar de comparar a los estudiantes entre sí.

- Enfatizar en las potencialidades de los estudiantes, en lugar de sus debilidades.

- Considerar los estilos de aprendizaje, las capacidades lingüísticas, las experiencias culturales y educativas y los niveles de estudio.

Los críticos argumentan que los exámenes tradicionales de respuesta fija no dan una visión clara y veraz sobre lo que los estudiantes pueden cons-

---

3   Propuesta desarrollada por Blanca Silvia López Frías y Elsa María Hinojósa Kleen "Evaluación del aprendizaje. Alternativas y nuevos desarrollos en evaluación. Disponible en www.eduteka

truir con sus conocimientos, pues a pesar de que permiten traer a la memoria, observar la comprensión o interpretación del conocimiento, no demuestran la habilidad de uso del conocimiento. Además, se argumenta que los exámenes estandarizados de respuesta fija, ignoran la importancia del conocimiento holístico y la integración del conocimiento, sin contar con que no permiten evaluar la competencia del alumno en objetivos educacionales de alto nivel o de lo que espera la sociedad.

Además, con frecuencia el resultado de las evaluaciones se emplea solamente para asignar una calificación a los participantes y no reingresa en las estrategias de enseñanza y de aprendizaje para mejorar los esfuerzos. El reto está, entonces, en desarrollar estrategias de evaluación que respondan, en concreto, a una integración e interpretación del conocimiento y a una transferencia de dicho conocimiento a otros contextos.

La evaluación alternativa incluye una variedad de técnicas de evaluación, entendiéndolas como: "cualquier instrumento, situación, recurso o procedimiento que se utilice para obtener información sobre la marcha del proceso" (Zabalza, 1991, citado por Zuleta 2009); dichas técnicas se pueden adaptar a diferentes situaciones. Existen dos clases de alternativas: las técnicas para la evaluación del desempeño y las técnicas de observación (entrevista, lista de cotejo, escalas, rúbricas), estas últimas constituyen un auxiliar para las primeras.

Técnicas para la evaluación del desempeño	Contenido conceptual		Contenido procedimental	Actitudes y valores	Habilidades del pensamiento	Técnicas auxiliares
	Hechos y datos	Principios y conceptos				
Mapas Mentales	X	X	X	X	X	Lista de cotejo
Solución de problemas	X	X	X	X	X	Entrevista Lista de Cotejo Rúbricas Rangos
Método de casos	X	X	X	X	X	Entrevista Lista de Cotejo Rúbricas Rangos
Proyectos	X	X	X	X	X	Entrevista Lista de Cotejo Rúbricas Rangos
Diario	X	X	X	X	X	Entrevista

Debate	X	X	X	X	X	Entrevista Lista de Cotejo Rúbricas Rangos
Técnica de la pregunta	X	X	X	X	X	Entrevista Lista de Cotejo Rúbricas Rangos
Ensayos	X	X	X	X	X	Entrevista Lista de Cotejo Rúbricas Rangos
Portafolios	X	X	X	X	X	Entrevista Lista de Cotejo Rúbricas Rangos

Caracterización de las técnicas para la evaluación del desempeño (Zabalza, 1991).

La evaluación del desempeño es un método que requiere que el estudiante elabore una respuesta o un producto que demuestre su conocimiento y habilidades, se pretende primordialmente evaluar lo que los estudiantes pueden hacer en lugar de lo que saben o sienten. En una tarea de ejecución se puede evaluar:

- El procedimiento empleado: conjunto de pasos para llegar a un resultado.

- El producto resultante: objeto concreto, una escultura, una carta, el resultado de un experimento. El producto para su evaluación puede ser comparado con ciertas características esperadas (evaluación interna) o compararlo con otros productos (evaluación externa).

Una ventaja digna de mencionar es que este tipo de evaluación requiere de la integración de conocimientos sobre contenidos específicos, destrezas, habilidades mentales y ciertas actitudes para lograr la meta. Para Stephen N. Elliot (1995), es más fácil evaluar habilidades del alumno midiendo el desempeño, antes que aplicando un examen escrito, si se le pide que ejecute tareas que requieren ciertas habilidades específicas, que son justamente las que se necesitan evaluar. Por ejemplo, en ciencias se puede examinar la habilidad para diseñar un aparato que haga una función particular o dar un argumento apoyado en la evidencia experimental.

La evaluación del desempeño está íntimamente relacionada con la educación basada en competencias, como éstas no pueden ser observadas de manera directa, entonces se tiene información de ellas utilizando técnicas de evaluación y observación de desempeños. Según Gonczi y Athanasou, en Argüelles (1996), los siguientes son principios que se deben tomar en cuenta para evaluar adecuadamente la competencia:

- Los métodos de evaluación deben evaluar integralmente la competencia. Simultáneamente se puede evaluar conocimiento, habilidades, actitudes y valores. Es importante reconocer el riesgo de inferir en la observación de desempeño y tomar las medidas necesarias para hacer más objetiva la evaluación.

- Seleccionar las técnicas más pertinentes, como ejemplo de estas pueden ser las pruebas escritas, la observación o la resolución de problemas, o una combinación de técnicas, dependiendo de la habilidad o competencia que se desee evaluar y/o el tipo de contenido.

Para llevar a cabo la evaluación del desempeño y de las competencias, es importante, por parte del docente:

- Hacer un adecuado proceso de selección de tareas evaluativas que estén claramente articuladas con el proceso de formación desarrollado.

- Socializar los criterios de evaluación antes de comenzar cualquier actividad didáctica.

- Fomentar la auto-evaluación.

Algunas de las herramientas consideradas en este ámbito son: mapas mentales, solución de problemas, método de casos, proyectos, diario, debate, ensayos, portafolios, técnica de la pregunta, entre otras, o podemos acudir a la infinidad de estrategias de enseñanza y aprendizaje que se encuentran en la literatura. Lo importante es que cuando se elija una estrategia se tenga claridad acerca de sus características, potencialidades y limitantes en lo referente a su uso como estrategia de evaluación.

Como se ha desarrollado a lo largo de este capítulo, la evaluación debe responder a las nuevas dinámicas de una sociedad, donde la información circula permanentemente a través de diferentes canales que permiten a cualquier individuo contar con la información, datos, fechas, fuentes, etc., de manera inmediata; en este sentido, seguirnos pensando como docentes informadores sería como aislarnos en una burbuja y pretender que el tiempo se ha detenido.

Esta es la era de la información y por tanto de la educación, requerimos seres humanos preparados para el cambio permanente, para la incertidumbre y la complejidad; hombres y mujeres que desde el conocimiento de sí mismos sean capaces de interactuar y construir en compañía de otros; seres respetuosos de la vida y del medio ambiente que se definan y actúen desde el conocimiento pleno de sus potencialidades y limitaciones, menos temerosos del error, arriesgados y valientes para una sociedad que requiere transformaciones profundas.

Es necesario idear procesos formativos diferentes, dinámicos e integradores que permitan comprender la educación como un espacio de formación para la vida, en donde la evaluación se convierta en el escenario propicio para la reflexión sobre el propio proceso de aprendizaje, para la construcción de la conciencia crítica y del compromiso social.

Entender la educación como un espacio integrador donde confluyan las metas educativas, los procesos de enseñanza y aprendizaje y la retroalimentación permanente, como mecanismos para el desarrollo de las dimensiones y potencialidades tanto de docentes como de estudiantes; un espacio de interacción y encuentro entre sujetos que se definen y avanzan en relación con los demás. Una evaluación así nos permitirá la formación de seres humanos autónomos, armónicos y más seguros de sí mismos.

Algunas alternativas para la valoración de aprendizajes

A partir de la reflexión esbozada sobre las implicaciones del proceso evaluativo, surge la necesidad de aproximarnos a algunas alternativas de evaluación que permitan valorar diferentes tipos de aprendizajes (conceptual, procedimental y actitudinal), superando el temor a que las pruebas técnicas desconozcan el proceso y las pruebas abiertas resulten poco confiables o excesivamente complejas para ser aplicadas en aulas con gran número de estudiantes. A continuación presentamos algunas alternativas de evaluación.

Pruebas cerradas

Pruebas o exámenes tipo test: Los exámenes se construyen con un conjunto de preguntas, cuyo nivel de estructuración determina la valoración no sólo del dominio de conceptos, sino de procesos cognitivos y aprendizajes significativos logrados por los alumnos.

Las preguntas se estructuran mediante: "falso-verdadero", "correspondencia" y "complementación", lo cual exige el reconocimiento de la información por parte del estudiante, y según como se construya, la activación de otras habilidades como la evaluación, la aplicación, el análisis, entre otras. En esta tipología encontramos las llamadas "preguntas tipo "SABER", dentro de las que se destacan:

a) Preguntas de selección múltiple con única respuesta: Están conformadas por un enunciado y cuatro (4) o cinco (5) opciones de respuesta. El enunciado puede contener una frase incompleta, una interrogación, un texto o una gráfica. Las opciones de respuesta aparecen identificadas con las letras A, B, C, D y E. Una sola de las opciones completa o responde correctamente el enunciado

b) Preguntas de selección múltiple con única respuesta: Constan de un enunciado y un grupo de alternativas de respuesta, de las cuales dos o más satisfacen las exigencias del enunciado. El estudiante debe seleccionar la combinación adecuada de opciones según un cuadro como:

> Si 1 y 2 son correctas, rellene el óvalo Ⓐ
> Si 2 y 3 son correctas, rellene el óvalo Ⓑ

c) Preguntas de análisis de relación: Presentan dos afirmaciones unidas por la palabra PORQUE y la segunda afirmación se considera una RAZON verdadera o supuesta de la primera. El estudiante debe evaluar tanto el valor de verdad de las afirmaciones como la relación entre ellas. A diferencia de las preguntas de análisis de postulados, en éstas las afirmaciones pueden ser verdaderas o falsas. Debe tenerse en cuenta la siguiente tabla:

Si la afirmación y la razón son VERDADERAS y la razón es una
explicación CORRECTA de la afirmación, rellene el óvalo (A)

Si la afirmación y la razón son VERDADERAS pero la razón NO
es una explicación CORRECTA de la afirmación, rellene el óvalo (B)

Si la afirmación es VERDADERA, pero la razón es una
proposición FALSA, rellene el óvalo (C)

Si la afirmación es FALSA, pero la razón es una proposición
VERDADERA, rellene el óvalo (D)

Si tanto la afirmación como la razón son proposiciones FALSAS,
rellene el óvalo (E)

Ejemplo de tabla de respuestas a preguntas de análisis de relación.

Este tipo de preguntas:

- Debe estar formulada sobre la base de un conocimiento experiencial compartido por quien pregunta y quien responde, lo cual supone el manejo de un código común, que en algunos casos requiere la aclaración de significados.

- Parte de una información de referencia y se orienta hacia la construcción de nuevos conocimientos.

- Exige la activación de un proceso mental y/o habilidad de aprendizaje que puede aparecer de forma explícita o implícita, para su resolución.

- Implica la determinación previa de un antecedente que permita a quien la responde, situarse en un contexto específico.

- Debe presentar la información de tal manera que resulte clara y suficiente para quien la resuelve.

Pruebas o preguntas abiertas

Dentro de esta tipología se encuentran las llamadas preguntas contextualizadas, aquellas que, partiendo de una información de referencia (teórica o experiencial), plantean un interrogante que implica la ejecución de una operación determinada, de tal forma que la respuesta producida es una nueva información, fruto de la construcción de quien la contesta.

La pregunta contextualizada consta de: un título que identifica el tipo de pregunta, un contexto y un interrogante. El contexto está relacionado con los elementos que rodean y condicionan la estructura y la interpretación de algún enunciado, de manera que este no es más que un marco de referencia que antecede al interrogante.

Por su parte, el interrogante está determinado por el tipo de proceso mental o habilidad que debe poner en juego quien responde. Algunos de los procesos cognitivos que se pueden potenciar con este tipo de pregunta son: comparar y contrastar, decisión a favor o en contra, aplicación a una nueva situación, clasificación, relación causa – efecto, ejemplificación entre otros.

La siguiente tabla nos permite mostrar algunas preguntas vinculadas con los indicadores y niveles de competencia.

Proceso	Habilidad de aprendizaje	Preguntas	Ejemplo
Recordar	Percibir Observar Identificar	¿Cuáles son...? Identifique las características de...	¿Qué es el signo según Saussure?
Comprender	Describir Definir Resumir Comparar/contrastar Analizar /sintetizar Categorizar	¿Cuáles son las ventajas y desventajas de...? Sintetice mediante un esquema...	Elabore un mapa mental con la información que le brinda el texto. ¿Cuáles son las ventajas y desventajas del aprendizaje cooperativo?
Aplicar	Modificar Integrar Adaptar Argumentar	Presente los argumentos para sustentar ...	En qué casos considera conveniente la aplicación de pruebas tipo SABER? Argumente su respuesta.
Crear	Decidir Modelar Proponer Innovar	Proponga una estrategia para... ¿Cuál sería la mejor decisión en caso de...?	¿Qué estrategias puede emplear para incrementar el léxico de sus estudiantes?
Evaluar	Predecir Valorar Justificar	¿Qué opina de...? ¿Qué valor daría usted a...?	Evalúe el sistema educativo colombiano

Algunas preguntas vinculadas con los indicadores y los niveles de competencia.

Ahora bien, para registrar e interpretar los datos recuperados a partir del desarrollo de este tipo de preguntas, especialmente los que corresponden a preguntas abiertas, podemos utilizar instrumentos como:

Rúbricas de aprendizaje

Es un instrumento en el cual se plantean los requisitos o condiciones que debe reunir un criterio, y que permite determinar los niveles de desempeño, según una escala; razón por la cual también son llamadas guías de verificación.

Estas guías permiten llevar a cabo un proceso de autoevaluación, por cuanto los mismos estudiantes pueden revisar el desarrollo de la tarea, según los indicadores que en ella aparecen. De la misma forma son válidas para la coevaluación, puesto que pueden ser construidas de forma conjunta y al plantear criterios claros, el alcance de los objetivos puede ser verificado por un compañero. Finalmente, pueden ser aplicadas en la heteroevaluación, dado que en ella quedará registrada la valoración del proceso y el producto por parte del mediador.

En cuanto a su tipología[4], encontramos:

a. Holísticas y específicas

Son guías que permiten juzgar el desempeño del estudiante mediante la descripción de unos criterios por cada nivel de escala. Estas guías son fáciles de elaborar y utilizar, son muy útiles para verificar procesos complejos en una tarea específica, por ejemplo sobre lectura literaria:

Excelente:

- Comprende plenamente la historia del texto.

- Reflexiona críticamente sobre el texto.
- Argumenta sus juicios sobre la calidad literaria del texto.

- Asocia de manera creativa los postulados del texto y su propia experiencia.

---

4   Tipología propuesta en los documentos de la Especialización en Pedagogía para el Desarrollo del Aprendizaje Autónomo. Unisur- Cafam. (1997). Bogotá.

Bueno:

- Comprende la historia del texto.

- Reflexiona sobre el texto.

- Emite juicios sobre la calidad literaria del texto.

- Asocia los postulados del texto y su propia experiencia.

Regular:

- Comprende con dificultad la historia del texto.

- No evidencia ningún tipo de reflexión sobre el texto.

- Emite juicios superficiales sobre la calidad literaria del texto.

- No se realiza asociación entre los diferentes niveles del texto.

b. Analíticas y específicas

Son guías que presentan varios criterios para verificar, suministran una descripción de los indicadores de éxito para cada criterio, y pueden incluir una escala de calificaciones correspondiente a los niveles de desempeño que se van a verificar. Ejemplo de estas guías es la matriz que se emplea en el modelo de problemas de matemática.

Desempeño				
Criterios	**Nivel 1**	**Nivel 2**	**Nivel 3**	**Nivel 4**
M1. Comprensión	Ninguna	Parcialmente x	Totalmente	Excepcional
M2. ¿Cómo lo resolvió?	No pudo x	Parcialmente	Operaciones complejas	Utilizó una estrategia especial
M3. ¿Por qué de esa manera?	Comenzó pero no terminó	Explica x	Podría explicarla mejor	Explicación de la solución muy creativa
M4. ¿Para qué sirve en la vida?	Lo intentó pero no terminó	Hizo algunos comentarios x	Demostró buen uso en la vida real	Hasta propuso nuevas reglas y fórmulas

C1.Vocabulario	No uso términos matemáticos	Usó términos e ideas básicas **x**	Utilizó más que términos e ideas básicas	Empleó lenguaje sofisticado
C2.Representaciones gráficas	No usó gráficas, cuadros, diagramas, modelos ni esquemas.	Intentó usarlas	Empleó representaciones matemáticas exactas	Utilizó representaciones sofisticadas
C3.Presentación	Respuesta poco clara	Algunas partes claras **x**	Necesita completar detalles	Respuesta organizada detallada

M= Matemáticas   C= Comunicación

Ejemplo de rúbrica analítica y específica.

c. Generales y analíticas

Estas guías se pueden usar para verificar varios productos (ensayo por ejemplo), porque se refieren a la naturaleza general de la tarea pero no se limitan a un tema específico. Ejemplo:

a	**Excelente:** Cuando la aplicación o evidencia que entrega el estudiante, abarca todos los elementos o partes del proceso, de los aprendizajes o del escrito; sigue las instrucciones y especificaciones dadas en los manuales y guías; emplea con precisión el vocabulario propio de la disciplina y del tema; incluye ejemplos y no ejemplos para demostrar su comprensión y dominio; y tiene presentación editorial impecable.
b	**Buena:** Cuando la aplicación o evidencia presenta errores u omisiones leves sobre los puntos anteriores, que son susceptibles de remediarse en el texto mismo de la tarea.
c	**Regular:** Cuando la aplicación o evidencia contiene ideas que aunque se relacionan con el tema, están escritas en forma fragmentada e incoherente; no cumple con todas las instrucciones y especificaciones suministradas y el vocabulario no se usa con propiedad. La presentación editorial es aceptable.
d	**Deficiente:** Cuando el contenido de la aplicación o evidencia no se relaciona apropiada y acertadamente con el tema o no cumple con las especificaciones del punto a.
e	**Incumplimiento:** Cuando no se entrega oportunamente el producto o cuando este no corresponde a la tarea solicitada.
	Para obtener el promedio de las calificaciones se aplica un equivalente numérico.

Excelente	=	**5**
Sobresaliente	=	**4**
Regular	=	**3**
Deficiente	=	**2**
Incumplimiento	=	**0**

Ejemplo de rúbrica general y analítica.

d. Generales y holísticas

Estas guías consisten en una sola descripción de los criterios que debe exhibir un producto. Ejemplo: Como todo escrito, el ensayo debe constar de cuatro partes: un título sugestivo, una introducción que presente el tema, el cuerpo que debe exhibir unidad, coherencia y precisión, y la conclusión donde se enumeren las lecciones y enseñanzas derivadas del texto.

Criterios	Escala de desempeño según indicadores			
1.	4	3	2	1
2.				
3.				
4.				
5.				
6.				
Puntaje por columna.				
Puntaje total: (sumatoria por columnas)				

Ejemplo de estructura para rúbrica general y holística.

4. Currículo por competencias: diseño, ejecución y evaluación

De acuerdo con lo expuesto hasta ahora, y con fines didácticos, desarrollaremos a continuación un ejemplo general de diseño, ejecución y evaluación de un currículo por competencias. Con el fin de facilitar el proceso de aplicación, seguiremos las fases propuestas en el capítulo 1.

Diagnóstico contextual y de formación

Para facilitar este proceso podrían seguirse algunas estrategias como las propuestas por Bustos (1995, p. 34):

a. El diagnóstico de necesidades y recursos (humanos, técnicos, materiales y financieros) a nivel del Municipio, del Departamento y de la región para elaborar los planes educativos municipales, departamentales y regionales.

b. La recuperación histórica y la devolución sistemática de la información a través de un proceso de investigación-acción participativa (IAP), a nivel de la comunidad delimitada por la zona de influencia, la vereda, los barrios donde está ubicada la institución, o la comunidad étnica, o sociocultural que se atiende.

c. El análisis situacional de la institución educativa por medio de la matriz DOFA (debilidades, oportunidades, fortalezas y amenazas).

d. Aplicación de metodologías de investigación y técnicas e instrumentos de índole descriptiva, tales como estudios de casos e investigaciones etnográficas, que permitan establecer las condiciones sociales, políticas, económicas, culturales de la comunidad, la institución y la población estudiantil.

Aplicadas estas estrategias se ha obtenido la siguiente información:

> La institución educativa Juana de Arco es un plantel ubicado en la zona urbana del Municipio El Sapir, está conformado por 2 sedes y atiende un total de 650 estudiantes en los niveles de Preescolar, Básica y Media. Es una institución de difícil acceso, dado que sus vías se encuentran en pésimo estado, situación que se agudiza en temporada invernal. Para acceder a la institución se debe tomar un bus intermunicipal en la terminal de transportes.

> La mayoría de su población estudiantil está conformada de niños y niñas de un estrato social económica y culturalmente muy deprimido. El promedio de estudiantes oscila entre 25 y 40 alumnos por cada curso. Sus sedes están ubicadas en un sector vulnerable con factores de riesgo psicosocial bastante acentuados.

> Una gran cantidad de estudiantes proviene de hogares disfuncionales, sin presencia paterna, por lo que prácticamente no cuentan con ayuda y seguimiento en casa y muchos deben ayudar económicamente en su hogar, trabajando en diferentes oficios después de la jornada escolar. Los administradores elegidos en el ente territorial han hecho poco por mejorar las condiciones de vida de esta población y ofrecer servicios públicos de calidad.

> El Municipio tiene una grave afectación por los problemas de politiquería, lo que conduce a que los recursos de las instituciones educativas se asignen de acuerdo a las conexiones políticas que tengan los directivos y no a las necesidades de las mismas. Aunque el Municipio basa su economía en la agricultura y la ganadería, existe una considerable cifra de desempleo, por lo que en muchas ocasiones los habitantes sustentan sus recursos en el rebusque o trabajo informal. A pesar de las problemáticas existentes la población se enorgullece de su cultura y participa de forma activa en todas sus manifestaciones.

> La institución cuenta con cuatro directivos, seis docentes de preescolar, 20 de primaria y 12 de secundaria, en cuanto a la formación de los docentes, en su mayoría son normalistas y en bajo número licenciados; en muchos casos, su falta de experiencia y conocimiento especializado dificulta el manejo de problemas comportamentales de los estudiantes.

Unido al establecimiento de las condiciones contextuales y particulares de la institución educativa, en esta primera fase, es fundamental revisar los fines y propósitos educativos establecidos en la normatividad vigente, expresada en leyes, decretos, planes y programas generados por los organismos responsables de la legislación educativa. Para el caso que nos ocupa, es importante tomar como referentes la Ley 115 de 1994, los lineamientos curriculares de cada área, los estándares de calidad y normas específicas relacionadas con los procesos de evaluación del aprendizaje y de los currículos[5].

Teniendo en cuenta los pasos hasta aquí desarrollados, es importante delimitar las necesidades y problemáticas de la población y sus potencialidades, para tomarlos como insumo fundamental para la formulación del perfil; en la institución educativa Juana de Arco podríamos decir que las problemáticas más sentidas son:

> La pobreza asociada a altos niveles de desempleo, bajos niveles de alfabetización, familias disfuncionales, problemáticas sociales, indiferencia y falta de compromiso con el desarrollo de la comunidad.
>
> Excesiva politiquería que genera corrupción, desviación de fondos y mínima inversión en educación, salud, vías, entre otros.
>
> Falta de formación especializada de los maestros para atender problemáticas específicas.

Ejemplo de delimitación de las problemáticas de la comunidad educativa.

Por otra parte, las potencialidades de la región asociadas a la ganadería y la agricultura, unidas a una fuerte identidad cultural, fomentan en sus habitantes la esperanza y el empoderamiento necesarios para la superación de las dificultades.

Macroplanificación

De acuerdo con lo propuesto en esta fase, y como consecuencia de la fase anterior, se procede a la formulación del perfil, que como ya se ha dicho se convierte en horizonte y núcleo del diseño curricular, y en parte esencial del proceso formativo. Es importante recordar que en la formulación del perfil y los horizontes institucionales se debe promover la participación de los diferentes estamentos de la institución y la comunidad.

Surtido este proceso, y para efectos de ejemplificación podríamos formular el siguiente perfil:

---

5   Para el diseño curricular de procesos formativos en otros países o niveles de formación, es necesario tener en cuenta la normatividad vigente.

Perfil de Formación proyectado para el estudiante de la Institución educativa Juana de Arco

"El estudiante de la Institución Juana de Arco se caracteriza por ser una persona cuya formación integral le permite identificar las problemáticas y potencialidades de la región, asumiendo, a partir de una participación consciente en los procesos políticos y de desarrollo tecnológico y empresarial, su responsabilidad en la transformación positiva de su comunidad".

Dado que, desde la perspectiva curricular por competencias se requiere evidenciar las capacidades de una persona para ser y hacer con lo que es y sabe, una vez formulado el perfil de formación, es importante explicitar las competencias que se requiere potenciar para su alcance. Algunas de las competencias privilegiadas en la Institución educativa Juana de Arco son:

Competencias básicas	Competencias laborales (específicas)	Competencias ciudadanas
✓ Indaga, analiza y comprende los diferentes conocimientos, teorías y desarrollos que dan cuenta de los procesos científicos, culturales y sociales del mundo, de su país y de su contexto vital específico. ✓ Se comunica de manera coherente, clara y respetuosa, de acuerdo con los diferentes contextos en los que interactúa. ✓ Construye conocimientos y herramientas para comprender su entorno y aportar a su transformación desde una postura crítica y ética. ✓ Interpreta, argumenta y propone explicaciones y teorías relacionadas con distintos fenómenos naturales y sociales.	✓ Identifica en el contexto, oportunidades para la generación de empresa y el mejoramiento de la calidad de vida de su sociedad. ✓ Diseña, planea y aplica estrategias de planeación y gestión empresarial en el campo de la ganadería y la agricultura. ✓ Identifica, transforma e innova métodos y artefactos para mejorar la producción agrícola y ganadera.	✓ Resuelve problemas, argumenta sus posiciones y defiende sus derechos desde la comprensión, aceptación y respeto por la diferencia. ✓ Comprende las implicaciones que la violencia tiene en los problemas de su comunidad. ✓ Propone alternativas de solución frente a las problemáticas de su entorno. ✓ Participa en la toma de decisiones con responsabilidad y ética. ✓ Reconoce las implicaciones que su voto tiene en la elección de sus gobernantes.

Ejemplo de priorización de competencias.

En este ejemplo, se han privilegiado tres tipos de competencia: básicas (correspondientes a las que se promueven en cada una de las áreas de formación y que correlacionan el saber propio de las disciplinas, las habilidades para comprender y producir conocimiento y las actitudes para convivir con otros); laborales (que hacen énfasis en los campos de trabajo en los que puede desempeñarse el egresado, de acuerdo con las condiciones ofrecidas por el entorno) y finalmente, ciudadanas (comprendidas como las habilidades para conocernos, conocer a los demás y vivir juntos, que se ponen a prueba en todas las circunstancias de la vida dentro y fuera del ámbito escolar).

Sin perder de vista estas competencias, emprendemos el diseño de la malla curricular; no olvidemos que la malla es un tejido en el que se entrecruzan los diferentes elementos, estrategias, mecanismos y recursos necesarios para concretar los horizontes institucionales y principalmente el perfil de formación.

Institución Educativa: Juana de Arco

Perfil de formación:

El estudiante de la Institución Juana de Arco se caracteriza por ser una persona cuya formación integral le permite identificar las problemáticas y potencialidades de la región, asumiendo, a partir de una participación consciente en los procesos políticos y de desarrollo tecnológico y empresarial, su responsabilidad en la transformación positiva de su comunidad.

Enfoque curricular:
Formación por competencias

Modelo pedagógico:
Social-cognitivo

Nivel de formación:
Educación media

Áreas de Conocimiento	Espacios académicos	Contenidos generales	Competencia por área	Proyectos pedagógicos transversales	Sistema de evaluación institucional
(Diferentes campos de conocimiento que se requieren para cumplir el perfil de formación)	Asignaturas que conforman cada una de las áreas de conocimiento	Contempla los temas fundamentales para que el estudiante comprenda los fundamentos teóricos, epistemológicos y prácticos de cada disciplina	Se refiere a los aportes que en términos de saber, saber hacer y ser, ofrece cada área a la consolidación de las competencias privilegiadas en la IE	Delimita algunas estrategias que favorecen la transversalidad y la interdisciplinariedad desde la planeación de acciones didácticas específicas)	Explicita las políticas, estrategias y mecanismos que privilegia la IE para la valoración y retroalimentación del proceso formativo)

Ciencias Naturales	Química	✓ Entorno vivo ✓ Entorno físico ✓ Ciencia tecnología y sociedad	✓ Comprender los conceptos y formas de proceder de las diferentes ciencias naturales (biología, física, química), para entender el universo. ✓ Comprender los conocimientos y métodos que utilizan los científicos naturales para buscar conocimientos, y los compromisos que adquieren para hacerlo.	Proyecto productivo para la generación de mejores condiciones económicas y sociales del Municipio de Sahagún. Fases para su desarrollo: ✓ Levantamiento de la información de las condiciones naturales, sociales, culturales, políticas y económicas de su Municipio. ✓ Identificación de las problemáticas. ✓ Delimitación de los campos de intervención.	La institución privilegia la evaluación formativa como un mecanismo que permite la valoración permanente del proceso de aprendizaje del estudiante; promoviendo la autoevaluación, la coevaluación y la heteroevaluación, como momentos para la reflexión autónoma del estudiante frente a su proceso, la capacidad de asumir positivamente la crítica de los compañeros y aportar a su crecimiento, y, finalmente, entender que la heteroevaluación es una mirada del maestro que permite al estudiante establecer los alcances de su proceso de aprendizaje.
	Física				
Ciencias Sociales	Ética y valores	Relaciones ético-políticas	✓ Dar una mirada al individuo en la sociedad y a su relación con el medio ambiente a lo largo del tiempo, teniendo en cuenta las diferentes disciplinas que hacen parte de las ciencias sociales: historia, geografía, economía, entre otras. ✓ Asumir las formas como proceden los científicos sociales para buscar conocimientos, comprender la naturaleza cambiante y relativa de los puntos de vista que los sustentan.	✓ Formulación del proyecto. ✓ ✓ Ejecución del proyecto. ✓ ✓ Evaluación del proyecto identificando alcances y limitaciones del mismo.	
	Sociales	✓ Relaciones con la historia y la cultura ✓ Relaciones espaciales y ambientales			

| Matemáticas | | ✓ Pensamiento numérico y sistemas numéricos.

✓ Pensamiento espacial y sistemas geométricos.

✓ Pensamiento métrico y sistemas de medidas.

✓ Pensamiento aleatorio y sistemas de datos.

✓ Pensamiento variacional y sistemas algebraíco y analítico. | ✓ Plantea y resuelve problemas.

✓ Desarrolla pensamiento matemático. | | |
| Lenguaje | Lengua Castellana | ✓ Producción textual.

✓ Comprensión e interpretación textual.

✓ Literatura.

✓ Medios de comunicación y otros sistemas simbólicos.

✓ Etica de la comunicación. | ✓ Expresar los pensamientos y sentimientos.

✓ Comunicarse de manera efectiva en todas las situaciones de la vida.

✓ Relacionarse con todo el mundo.

✓ Desarrollar el pensamiento. | | |

Ejemplo de malla curricular.

Con base en la estructuración de la malla, en el microcurrículo se explicitan las asignaturas que conforman el área, los objetivos de aprendizaje de cada una de ellas y los contenidos privilegiados para su alcance. En relación con lo didáctico y lo evaluativo, se plantean modelos didácticos que, articulados con el o los proyectos transversales de la institución, permitan el alcance de las competencias previstas tanto para el área como para la IE; lo evaluativo en este marco, se desarrolla a partir del modelo didáctico establecido, en tanto la evaluación es parte integral y fundamental para la retroalimentación y cualificación del proceso de aprendizaje.

Institución Educativa:	Juana de Arco
Nivel formativo:	**Educación Media-Grado 10**
Área de conocimiento:	**Lenguaje**
Propósitos de formación del área:	✓ El estudiante se comunica de manera coherente, clara y respetuosa de acuerdo con los diferentes contextos en los que interactúa. ✓ El estudiante reflexiona crítica y éticamente sobre los contenidos y estructuras de diferentes acciones de comunicación.

Nivel de formación:
Educación media

Espacios académicos que conforman el área	Objetivos de aprendizaje	Contenidos por temática y nivel de formación	Modelos didácticos	Modelos evaluativos
Asignaturas que hacen parte del área de formación y contenidos generales para todos los niveles de formación	Formulados en función de los saberes, habilidades y actitudes que el estudiante debe desarrollar con el fin de contribuir al alcance del perfil de formación	Seleccionados a la luz de los objetivos de aprendizaje	Esquema estandarizado de acciones y procedimientos aplicables a diferentes acciones de aprendizaje; en este caso se utiliza el mismo modelo desde la perspectiva de cada asignatura	Formas y mecanismos que permiten valorar los aprendizajes alcanzados en un proceso formativo que potencia habilidades y actitudes, en relación con conocimientos específicos y niveles de formación determinados

Producción textual	✓ Produce textos descriptivo-argumentativos que evidencian el conocimiento sobre la lengua y el control sobre el uso que hace de ella.	Producción de textos argumentativos ✓ Formulación de hipótesis y argumentos. ✓ Redacción de ensayos argumentativos. ✓ Redacción de reseñas críticas. ✓ Elementos de coherencia y cohesión. ✓ Conectores textuales. ✓ Estrategias descriptivas, explicativas y analógicas para producir textos orales y escritos. ✓ Comprensión y uso de los distintos niveles de la lengua en los contextos comunicativos.	Aprendizaje por proyectos mediante el desarrollo de: ✓ Guía de observación. ✓ Formulación del proyecto transversal.	Aprendizaje por proyectos, que en este caso pueden fundamentarse en criterios como: ✓ El estudiante está en capacidad de desarrollar un proceso de observación que permite el desarrollo de habilidades como: • Detalla. • Delimita. • Concreta. • Relaciona. • Compara. • Contrasta. Entre otras, que pueden ser aplicables y evaluadas en cualquiera de las asignaturas que confluyen en un nivel específico de formación.
Comprensión e interpretación textual	Comprende e interpreta textos con actitud crítica y capacidad argumentativa.	Comprensión de textos argumetativos: ✓ Elaboración de hipótesis de interpretación. ✓ Identificación de hipótesis y evidencias. ✓ Elaboración de esquemas de interpretación. ✓ Análisis crítico de los textos leídos (lectura literal, inferencial y crítica intertextual).		

(Fila de la tabla rotulada verticalmente a la izquierda: **Lengua Castellana**)

	Literatura	Analiza crítica y creativamente diferentes manifestaciones literarias del contexto universal.	Obras de literatura universal y su contexto. ✓ Literatura medieval ✓ El romanticismo europeo. ✓ El Barroco. ✓ El Renacimiento. Análisis literario (dimensión ética, estética y filosófica)		
	Medios de comunicación y otros sistemas simbólicos	Interpreta de forma crítica la información difundida por los medios de comunicación masiva.	✓ Influencia de los medios de comunicación en el contexto social, cultural y económico. ✓ Mecanismos ideológicos de los mass media.		
	Ética de la comunicación	Expreso respeto por la diversidad cultural y social del mundo contemporáneo, en las situaciones comunicativas en las que interviene.	✓ Origen del español (variedad lingüística). ✓ Diferencias étnicas, lingüísticas y sociales de los grupos humanos.		

Ejemplo de micorcurrículo (plan de área).

El plan de aula es la concreción del proceso de planeación que se ha previsto en la malla y los microcurrículos. En él, se explicitan y detallan los tiempos, los objetivos de aprendizaje de cada temática/unidad, las actividades didácticas y evaluativas específicas.

Institución Educativa:	Juana de Arco			
Nivel formativo:	Media – Grado 10			
Área de formación:	Lenguaje			
Espacio académico:	Lenguaje			
Periodo / Tiempo	Unidades didácticas	Objetivos	Actividades didácticas específicas	Criterios de evaluación

| I. Periodo | Reconozco los orígenes y evoluciones de mi cultura. | ✓ Elaboro hipótesis de interpretación, atendiendo a la intención comunicativa y el sentido global del texto que leo.

✓ Caracterizo y utilizo estrategias descriptivas, argumentativas, explicativas y analógicas, en mi producción de textos orales y escritos.

✓ Identifico, caracterizo y valoro los diferentes grupos humanos, teniendo en cuenta aspectos étnicos, lingüísticos, sociales y culturales, entre otros, del mundo contemporáneo. | Identifico mi cultura:

✓ Consulta sobre los orígenes del español y la variedad lingüística en Colombia.

✓ Investigación sobre la actitud lingüística en Colombia.

✓ Análisis de corpus de diferentes dialectos del país.

✓ Análisis de los medios masivos y la identidad cultural. | ✓ El estudiante consulta diferentes fuentes bibliográficas y está en capacidad de dar cuenta de la información obtenida.

✓ El estudiante comprende los distintos niveles de análisis de la lengua y, a partir de estos, puede comparar las características de distintos dialectos. |
| II. Periodo | Comprendo los alcances del lenguaje como mecanismo para la conformación de estructuras sociales. | ✓ Argumento mis ideas con rigor y atendiendo a las características propias del género.

✓ Asumo una actitud crítica frente a los textos que leo y elaboro, y frente a otros tipos de texto: explicativos, descriptivos y narrativos.

✓ Comprendo en los textos que leo las dimensiones éticas, estéticas y filosóficas, entre otras, que se evidencian en ellos.

✓ Analizo los mecanismos ideológicos que subyacen a la estructura de los medios masivos de información.

✓ Argumento, en forma oral y escrita, acerca de temas y problemáticas que pueden ser objeto de intolerancia, segregación, señalamientos, etc. | ✓ Análisis de mensajes producidos por los medios masivos de comunicación.

✓ Producción de textos periodísticos: editorial, crónica, reportaje, ensayo etc.

✓ Identificación del tipo de discurso que se presenta en los medios de comunicación (análisis lingüístico). | El estudiante comprende y analiza los mecanismos ideológicos que subyacen a diferentes discursos, y está en capacidad de argumentar su posición. |

Ejemplo de plan de aula.

5. Algunas alternativas didácticas para el desarrollo de competencias

> "Porque enseñar no es sólo poner en marcha un conjunto de competencias separadas las unas de las otras: escoger un ejercicio y hacer que reine el orden, explicar un texto y corregir las versiones del mismo […] es hacer todo esto, claro, pero con "algo más", "algo" que los alumnos reconocen, además, bastante bien; "algo" que no se puede reducir al carisma individual y, mucho menos, a una capacidad relacional. "Algo" que remite más bien a una especie de "fuerza interior", una "fuerza" que expresa una coherencia y es testimonio de un proyecto. Una "fuerza" de la que emana el sentimiento de que el hombre o la mujer que enseñan están aquí en su lugar. Y que ejercen una profesión que tiene sentido para ellos"
>
> (Meirieu, 2004, p. 13).

En coherencia con estos postulados, y con lo que hasta ahora hemos presentado, la planeación y diseño del currículo son fundamentales para la organización de cualquier proceso formativo; sin embargo, no garantizan *per se* el alcance de las metas formativas y mucho menos el aprendizaje de los estudiantes. En consecuencia, hoy más que nunca se requiere tomar conciencia de las implicaciones que un diseño estructurado y susceptible de aplicación y evaluación permanente, tiene en la cualificación de los aprendizajes de los estudiantes, el mejoramiento de las prácticas de aula y por ende, en la transformación positiva de las problemáticas sociales.

El espacio de aula, en este sentido, se convierte en el epicentro de la transformación educativa, por lo cual, lo que sucede en su interior deberá ser previsto de manera consciente y ajustado permanentemente no sólo desde un objetivo de aprendizaje específico, sino desde la relación de este con los horizontes institucionales, contextuales y sociales:

> "Las grandes transformaciones de la educación en los últimos años, suponen el establecimiento de nuevas modalidades y estrategias de formación que confieren a la pedagogía un claro sentido social que rebasa los escenarios escolares, dirigiéndose a la atención de problemas asociados con la exclusión, los conflictos socioeducativos y el desarrollo humano de los sujetos y las comunidades, en escenarios que no son necesariamente escolares"
>
> (Duarte, 2011, p. 1).

Como vemos, comprender el diseño didáctico como un mecanismo de concreción y planeación, que permite la integración tanto de los factores internos de la institución educativa como de los factores externos que la determinan, exige la transformación de algunas concepciones y prácticas arraigadas en el quehacer docente, tras muchos años de teorización y transposición de modelos sin una reflexión acerca de su validez y eficiencia para los contextos particulares. Esta dinamización de procesos, de perspectivas, y especialmente de prácticas, es imperativa para responder de manera eficiente a los requerimientos de esta sociedad cada vez más versátil y a la vez necesitada de sujetos reflexivos y críticos.

Un proceso educativo debe estructurarse a la luz de la continua reflexión y mejoramiento, con el fin de formar al ser humano en todas sus dimensiones, no solamente en la cognitiva, es decir, no sólo para que construya conocimiento, sino para que lo aplique en función de la transformación de la realidad, desde una postura crítica. Principio que aplica tanto para los estudiantes como para los docentes, quienes tienen una enorme responsabilidad, ya que de su quehacer dependerá de la medida en que se sigan reproduciendo estructuras hegemónicas de la enseñanza o de la modificación de su quehacer en el aula, dando mayor importancia a un aprendizaje construido y cimentado en la interacción entre docente-estudiante; estudiante-conocimiento, estudiante-estudiante; estudiante-realidad y escuela-vida.

En consecuencia, y con la sana intención de aportar algunas alternativas didácticas para el alcance de diferentes propósitos formativos, presentamos a continuación un repertorio de acciones didácticas que pueden ser adaptadas al aprendizaje de diferentes saberes, actitudes y procedimientos enmarcados en las condiciones, necesidades, metas y contextos de diferentes apuestas formativas. No olvidemos que la actividad didáctica aislada del proceso formativo en general no constituye una garantía para el éxito del proceso, por lo que requiere de su integración con los objetivos de aprendizaje y los criterios y procedimientos previstos para su valoración.

Con el fin de propiciar una mejor comprensión de este proceso, diremos, que las acciones didácticas propician el desarrollo de habilidades cognitivas, metacognitivas y actitudinales relacionadas con saberes específicos e integradas al desarrollo de competencias; es decir que los contenidos específicos (el qué enseñar), requieren de unas acciones didácticas (el cómo) consecuentes con el tipo de aprendizaje que se espera alcanzar y con los mecanismos propios para su valoración.

Es en este sentido que se presentan algunas acciones didácticas que, inscritas en una estrategia general, permiten dar cuenta del diseño didáctico, en tanto este último incorpora no sólo lo metodológico, sino los propósitos de aprendizaje y sus mecanismos de valoración. Por lo anterior, los acápites siguientes han sido construidos de tal manera que, evidenciadas las potencialidades de ciertas acciones didácticas para el desarrollo de habilidades específicas, se construya al final una estrategia que las retome y visibilice como potenciadoras de procesos de aprendizaje más sistémicos e integrados.

Acciones didácticas para desarrollar habilidades de comprensión, síntesis y estructuración de objetos de aprendizaje

La comprensión se asume como el dominio que se adquiere sobre un determinado aprendizaje (conceptual, procedimental, actitudinal), permitiendo la adquisición y transformación de los significados a través de procesos como percibir, ordenar, interpretar, traducir, resumir, conceptualizar, entre otros.

Las acciones didácticas que posibilitan estos procesos deben apuntar a desarrollar mecanismos para organizar la información que se ha de aprender y convertirla en nuevo conocimiento. Algunas actividades sugeridas son: exploración de saberes previos, lluvia de ideas, elaboración de organizadores gráficos (mapa conceptual, cuadro sinóptico, red argumentativa, mapa de ideas, entre otros). A continuación ejemplificamos algunas de las formas en que pueden ser utilizadas este tipo de didácticas.

Exploración de saberes previos

Lluvia de ideas: La lluvia de ideas constituye una buena estrategia para activar el conocimiento previo de los estudiantes. Requiere que ellos expresen todo lo que saben, intuyen o perciben acerca de un tema particular o de una idea, antes de iniciar un tema objeto de estudio. Los estudiantes pueden trabajar en forma individual o en pares, primero sacando a la luz

     Formación por competencias

todas las ideas que tienen sobre un tópico específico y luego compartiéndolas con el grupo.

La lluvia de ideas puede ser utilizada en forma grupal o en pequeños grupos pues permite aprender unos de otros. La actividad es útil como apertura a una unidad temática para leer diferentes tipos de textos, identificar experiencias, socializar emociones y sentimientos, establecer expectativas, y puede generarse a partir de estímulos que activen los diferentes sentidos; además, puede ser retomada y estructurada mediante organizadores gráficos con el fin de visualizar sus interrelaciones.

Formulación de preguntas: Las preguntas son la fuerza que impulsa el pensamiento, cuando hacemos preguntas esenciales tratamos con lo que es relevante, necesario e indispensable para resolver algún asunto. Cada campo de conocimiento surge y se construye a partir de preguntas que pretenden construir una comprensión plena de la realidad en relación con el conocimiento que se construye; la formulación de preguntas permite indagar por el saber del otro, generar expectativas y ofrecer espacios para la reflexión, discusión, socialización de experiencias, entre otros.

En la formulación de preguntas con fines didácticos es importante tener en cuenta:

- Planear las preguntas antes de la sesión, de acuerdo con la información que se pretende recuperar y el propósito de aprendizaje que se espera obtener.

- Formular las preguntas de manera clara, para que sean fácilmente comprendidas por el estudiante, según su nivel de desarrollo y su grado de conocimiento sobre el tema.

- Generar un clima favorable para la socialización de estos conocimientos previos, de tal manera que el estudiante no se sienta examinado.

Aunque estas actividades son las más frecuentes en relación con la identificación de saberes previos, también podrían ser utilizadas otras como el análisis de situaciones, estudio de caso, juegos de roles, actividades lúdicas, entre otras.

Estructuración y organización de conocimientos

Organizadores gráficos: Son gráficos o esquemas que permiten representar la forma en que los seres humanos organizamos nuestros pensamientos y, a través de ellos, la forma en que percibimos y construimos la realidad.

Para efectos de aprendizaje, la elaboración de estos mapas y la toma de consciencia sobre sus potencialidades, permitirá garantizar a largo plazo una estructuración mental adecuada para el desarrollo de un pensamiento sistémico y lógico, fundamental para la resolución de cualquier problema o situación tanto de la vida académica como cotidiana.

Algunos de los organizadores con mayor circulación en el ámbito académico son:

- Mapa conceptual: Es una técnica elaborada por Joseph D. Novak, (1988), quien la presenta en tres dimensiones conceptuales: 1. Una estrategia para ayudar a los estudiantes a aprender significativamente y a los educadores a organizar los materiales o la información objeto de aprendizaje. 2. Un método para ayudar a los estudiantes y educadores a captar el significado de los conceptos que se aprenden. 3. Un recurso esquemático para representar un conjunto de significados conceptuales incluidos en una estructura de proposiciones.

El mapa conceptual es una herramienta cognitiva que favorece el aprendizaje significativo porque:

- Es una herramienta de aprendizaje que posibilita establecer relaciones entre conceptos que previamente no se consideraban relacionados, y por consiguiente, adquirir nuevos significados que enriquecen la estructura cognitiva del estudiante.

- Favorece el desarrollo de habilidades cognitivas, porque en su elaboración se ponen en acción ciertas habilidades intelectuales como: analizar, reflexionar, clasificar, identificar, comparar, relacionar y jerarquizar.

- Permite el desarrollo de procesos metacognitivos, al reflexionar sobre los resultados del propio aprendizaje y comprender el procedimiento implícito que se utiliza para obtener el conocimiento. Los mapas conceptuales permiten, como estrategia metacognitiva, tomar conciencia de lo que se sabe y lo que no, en relación con un determinado cuerpo de conocimiento.

- Permiten evaluar los aprendizajes y obtener información de lo que el estudiante sabe y hace en términos conceptuales; es decir, cómo estructura, jerarquiza, diferencia, relaciona, discrimina, clasifica e integra conceptos de un determinado tema de estudio.

De acuerdo con la definición de Novak, el Mapa Conceptual contiene fundamentalmente los siguientes elementos:

- Concepto: Se entiende como el conjunto de atributos que una persona asocia con el símbolo que representa a una clase (agrupación) de objetos, eventos o ideas, acontecimientos sucedidos o provocados.

- Estructura: Constituye las proposiciones que se dan por las relaciones significativas entre dos o más conceptos. Se forma mediante palabras de enlace que constituyen una unidad semántica cuyo significado es contextual.

- Palabras-enlace: Son las palabras que unen los conceptos y señalan el tipo de relación existente entre ellos.

- Jerarquías: En los mapas conceptuales, los conceptos se disponen en orden de importancia o de inclusión, formando jerarquías o niveles de subordinación, en los que los conceptos más generales ocupan los lugares superiores de la estructura gráfica, hasta llegar a la base en la que aparecen los conceptos más específicos y, si es del caso, los ejemplos.

- Categorías: Son agrupaciones de conceptos que poseen características o elementos comunes y se denominan con un término conceptual general. Las categorías en un mapa conceptual se organizan y se leen horizontalmente.

- Enlaces cruzados: Son las relaciones que se establecen entre dos o más conceptos de categorías diversas. Posibilitan la integración de una estructura de conocimiento y permiten visualizar el tipo de relaciones que establece el estudiante.

- Ejemplos: Son eventos u objetos reales o simbólicos que representan el término conceptual. Los ejemplos ponen de manifiesto la comprensión que logra el estudiante de los nuevos conceptos, ya que su elaboración requiere de un proceso mental para aplicar el conocimiento en casos concretos.

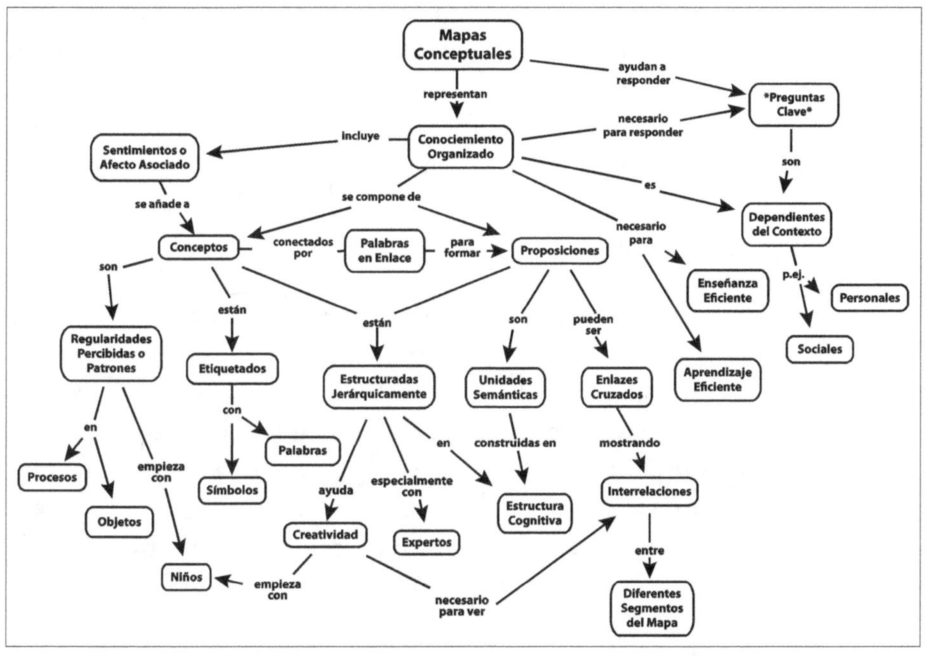

Ejemplo de mapa conceptual.

- Cuadro sinóptico: Es una estructura gráfica que permite ordenar y organizar una información con el uso de corchetes. Proporciona una estructura global de una temática y todas sus relaciones. Se organiza de izquierda a derecha empezando por el título, posteriormente las ideas principales del texto, hasta llegar a las ideas secundarias. Desde el punto de vista didáctico, los cuadros sinópticos son útiles para tener una visión en conjunto de un todo y sus partes constitutivas.

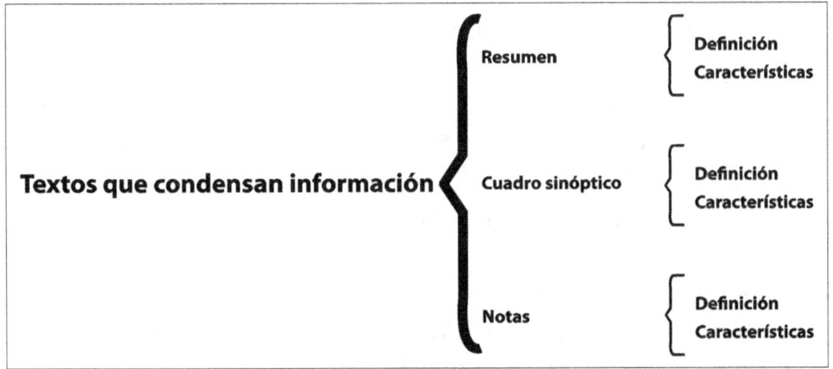

Ejemplo de cuadro sinóptico.

Los mapas mentales[6]: Tony Buzan, psicólogo británico, desarrolló esta herramienta de aprendizaje a principio de los años 70. Un mapa mental es un recurso nemotécnico multidimensional utilizado para representar en forma gráfica y esquemática los aspectos más importantes de un conocimiento. Se trata de una estrategia cognitiva con la que se registran, relacionan y jerarquizan un grupo de ideas importantes sobre un tema.

Pasos para elaborar un mapa mental:

-   Los mapas mentales se elaboran a partir de un foco temático, que no es otra cosa que la idea central, el problema o tema sobre el cual se va a reflexionar. En el centro de una página se escribe una palabra o frase corta que resume la idea central del mapa. El foco temático puede ser un dibujo que represente una imagen que esté asociada con el tema central. A partir de allí, se irradiarán las ideas más importantes que explicarán o sustentarán la idea central del texto que se va a sintetizar o resumir.

    La siguiente figura nos muestra el foco temático, representado por un cerebro, del mapa que vamos a elaborar sobre "los mapas mentales".

---

6   **Adaptado de**: *Díaz*, A. (2009) *Los Mapas de Ideas y los Procesos Lectoescriturales.* Capítulo 10 del Libro: Aproximación al Texto Escrito. Cuarta Edición, Editorial Universidad de Antioquia.

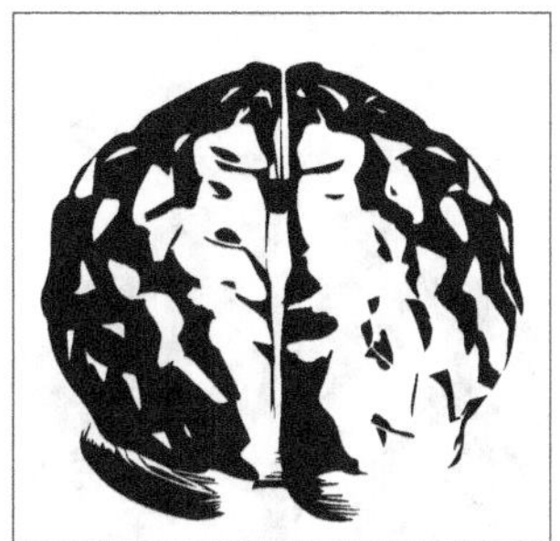

Ejemplo de foco temático para mapa mental.

- Una vez que se ha seleccionado el foco temático, se empieza a reflexionar sobre las ideas importantes o divisiones mayores que van a conformar el mapa. Una estrategia particularmente útil para tal fin consiste en indagar

   a partir de los pronombres interrogativos, tales como *qué, cómo, cuál, cuándo, dónde, por qué, para qué*, y luego elegir los que estén más directamente relacionados con el foco temático. Para el tema que estamos tratando las divisiones mayores son:

   - ¿Qué son los mapas mentales?

   - ¿Cómo se elaboran?

   - ¿Qué propiedades tienen?

   - ¿Qué ventajas ofrecen?

   - ¿Para qué sirven?

Veamos en la siguiente figura cómo se organizaron las anteriores ideas en nuestro mapa.

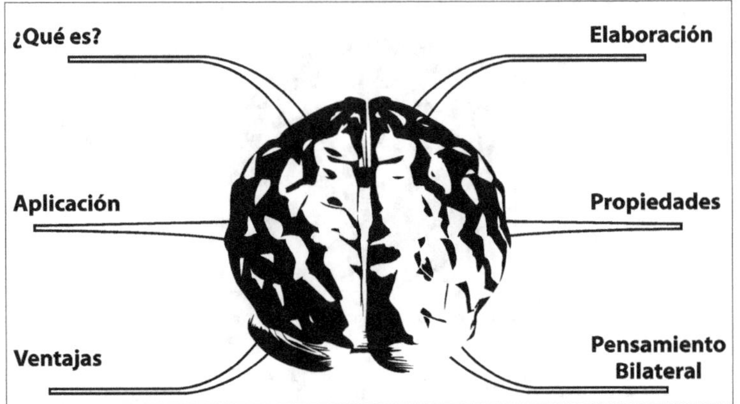

Esquema 8. Ejemplo de mapa mental con ideas principales.

- Las ideas más importantes deben aparecer en letra de imprenta bien destacada, ya que sus formas claramente definidas destacan mejor las ideas.

- De cada idea importante van a irradiar nuevas ideas secundarias que contribuirán a ampliarlas: casos ilustrativos, ejemplos, evidencias, datos estadísticos, referencias a autoridades, etc., conformándose así una serie de ramas o nódulos.

- Las ideas secundarias, subordinadas a las ideas principales, se escriben con un tipo de letra menor al de las ideas principales, y los detalles que estén subordinados a esas ideas secundarias se escriben en otro tipo o tamaño de letra, pero siempre conservando la legibilidad. De esta manera se aprecia mejor la jerarquización de las ideas según su orden de importancia en el mapa. Las ideas secundarias se pueden encerrar dentro de un óvalo, un rectángulo o un círculo; se pueden escribir sobre una línea o sobre una flecha, o se puede recurrir a cualquier otra convención que se considere apropiada para tal fin. En la siguiente figura vemos cómo quedó conformada la rama de *ventajas* de nuestro mapa.

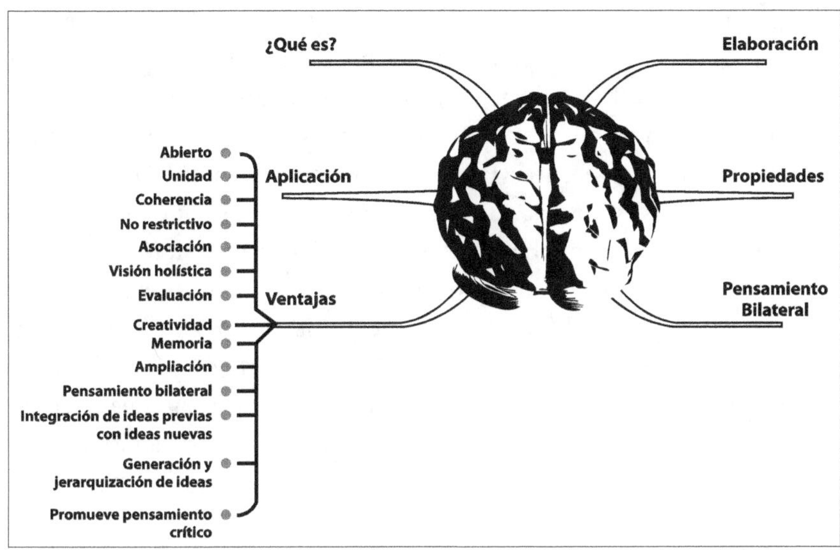

Ejemplo de mapa mental con ideas secundarias.

- Las ideas se disponen en el mapa teniendo en cuenta un orden de jerarquía: las más importantes están directamente ligadas al foco temático. En la medida que un tópico esté más alejado de ese foco, se le considerará de menor jerarquía en el mapa. En la siguiente figura aparece el mapa mental definitivo que sirvió para escribir todo lo dicho y lo que sigue.

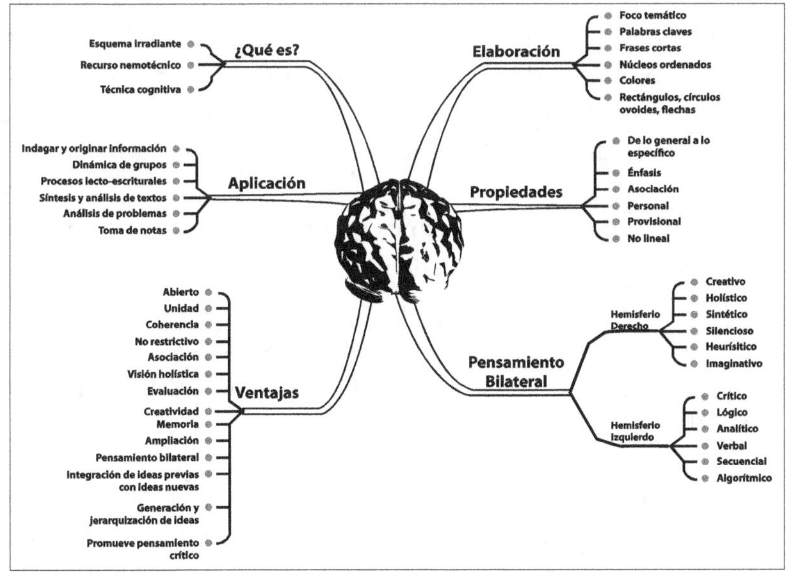

Ejemplo de mapa mental completo (tomado de: http://www.geocities.ws/marioztobon/comohacermapa.htm).

- En los mapas mentales sólo se usan palabras claves, frases cortas y dibujos que simbolicen imágenes. Como los mapas son personales, se pueden utilizar las convenciones que tengan más sentido para cada uno; por eso, para señalar las relaciones entre sí, se pueden utilizar diferentes tipos de convenciones: dibujos, imágenes, rectángulos, ovoides, círculos, líneas gruesas, líneas delgadas, líneas punteadas, flechas sencillas o bifurcadas, y siempre letras tipo imprenta, por su nitidez y énfasis. Es de suma importancia, utilizar además colores diferentes en cada nódulo, pues las investigaciones sobre el cerebro derecho coinciden en que este hemisferio se estimula ante el color. El colorido y las imágenes facilitan al hemisferio derecho la tarea de recordar con más facilidad que con las notas lineales.

- Un buen mapa mental permite apreciar de una sola mirada las partes esenciales de un todo y las relaciones que estas partes mantienen entre sí. De este modo, los mapas ofrecen una visión holística que las palabras y las frases aisladas no podrían ofrecer.

Ventajas: Los mapas mentales se diferencian de los tradicionales cuadros sinópticos por su mejor impacto visual y porque permiten ver y representar conexiones claras y apropiadas con mayor facilidad que con un trazado lineal. La combinación de imágenes, palabras y colores refuerza la capacidad de memorización a corto y largo plazo del cerebro. Los mapas se basan en un principio de asociación; las ramas que señalan las ideas se pueden extender en cualquier dirección. Los conceptos más importantes pueden reunir a su alrededor el mayor número de asociaciones.

Entre las ventajas que tienen los mapas mentales sobre otros sistemas para tomar notas se pueden citar las siguientes:

- Permiten burlar el sensor que habita en el hemisferio izquierdo para darle rienda suelta a la creatividad, sentimientos y pensamientos íntimos.

- Participan diversas operaciones de pensamiento crítico: identificar, analizar, sintetizar, asociar, ilustrar, concretizar, comparar, contrastar, señalar relaciones de causa y efecto, formular hipótesis, inferir, refutar, etc.

- Permiten apreciar con mayor claridad relaciones importantes.

- Facilitan la jerarquización de las ideas más importantes con relación a las secundarias.

- Permiten incorporar información a medida que las ideas van acudiendo al cerebro.

- Se ahorra tiempo al anotar solamente las palabras y frases claves.

- Permiten apreciar en forma integral o global los distintos tópicos que van a conformar el texto que se va a producir o las relaciones conceptuales del texto que se va a sintetizar.

Aplicaciones: Los mapas mentales tienen una gran variedad de aplicaciones:

- Resultan especialmente apropiados para planear los textos que se van a escribir ya que favorecen la creatividad, la reflexión y la organización de las ideas. Animan a establecer relaciones que inicialmente no se habían captado.

- Son muy útiles para sintetizar textos (libros, ensayos, artículos) y para tomar notas en clases, seminarios, foros y conferencias.

- Son un buen recurso para resolver problemas de grupo, pues cada integrante tiene la oportunidad de sugerir ideas relevantes en relación con el problema que se discute.

- En la enseñanza, es tal vez el recurso más utilizado por los profesores para orientar el desarrollo de sus clases. Cuando el estudiante se habitúa a elaborar sus propios mapas mentales, su aprendizaje resulta mucho más significativo.

• Mentefactos conceptuales: Los mentefactos conceptuales son gráficos en los que se representa la estructura interna de los conceptos. En ellos se presentan los resultados obtenidos al realizar las cuatro operaciones básicas del pensamiento conceptual: la supraordinación, la infraordinación, la isoordinación y la exclusión, con un concepto central.

Veamos la definición de cada una de ellas y un ejemplo que nos permita entenderlas mejor. El concepto central para la ilustración será: manzana.

Supraordinadas: Es la categoría que incluye al concepto que estamos definiendo, por ejemplo: Fruta (categoría mayor).

Infraordinadas: Ejemplos o subconjuntos del concepto a definir, por ejemplo: verde, roja (clases de manzana).

Isoordinadas: Corresponden a las características propias del concepto a definir, las cuales lo distinguen de todos aquellos conceptos involucrados en las excluyentes, por ejemplo: carnosa, redonda, mediana (características propias de la manzana).

Excluyentes: Son todos aquellos conceptos que se diferencian de aquel que estamos tratando de definir, pero que pertenecen a la misma supraordinada, por ejmplo: Sandía (Es diferente a la manzana pero también es una fruta).

Para realizar un mentefacto se realiza el siguiente procedimiento:

- Se coloca en el centro del gráfico el concepto a definir, por ejemplo, manzana, encerrado en rectángulos de líneas dobles.

- Encima del concepto clave, y unido a este por medio de una línea, se coloca la supraordinada (fruta), encerrada en un rectángulo sencillo.

- Las isoordinadas se presentan al lado izquierdo del concepto central, una debajo de la otra. Estas se representan por medio de palabras clave que resumen el contenido de toda la idea y van numeradas. (por ejemplo: 1.carnosa, 2. redonda, 3. mediana). También van unidas al concepto clave por medio de una línea.

- Al lado derecho del concepto central se colocan las exclusiones que se numeran iniciando con el número siguiente al último utilizado para identificar las isoordinaciones. (por ejemplo: 4. Sandía).

Finalmente, para acompañar el gráfico se recomienda escribir un listado de las ideas completas o proposiciones que están resumidas con las palabras clave que se han seleccionado (por ejemplo: la manzana es una fruta carnosa).

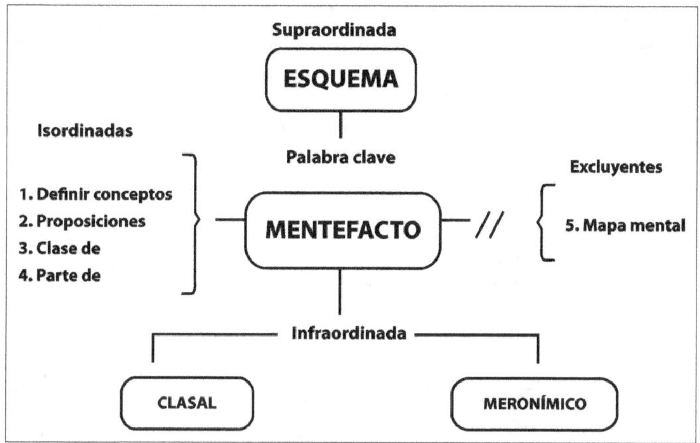

Ejemplo de mentefacto.

• Diagrama de flujo[7]: Es un esquema para representar gráficamente la secuencia de etapas que constituyen un proceso, mediante la utilización de diversos símbolos. Se les llama diagramas de flujo porque los símbolos utilizados se conectan por medio de flechas para indicar la secuencia de operación. La simbología utilizada para la elaboración de diagramas de flujo es variable y debe ajustarse a un patrón definido previamente.

Para hacer un diagrama se deben establecer las fases, las relaciones y las condiciones que determinan el curso del proceso. La información correspondiente a cada uno de estos elementos se grafica teniendo en cuenta los siguientes símbolos.

- Flecha: Indica el sentido y trayectoria del proceso de información o tarea.

- Rectángulo: Se usa para representar un evento o proceso determi-

---

7   Tomado de wikipedia.org/wiki/diagramas_de_flujo.

nado. Es el símbolo más comúnmente utilizado.

- Rombo. Se utiliza para representar una condición. Normalmente el flujo de información entra por arriba y sale por un lado si la condición se cumple, o sale por el lado opuesto si la condición no se cumple. Lo anterior hace que a partir de éste el proceso tenga dos caminos posibles.

- Círculo. Representa un punto de conexión entre procesos, se utiliza cuando es necesario dividir un diagrama de flujo en varias partes, por ejemplo, por razones de espacio o simplicidad. Una referencia debe darse dentro para distinguirlo de otros.

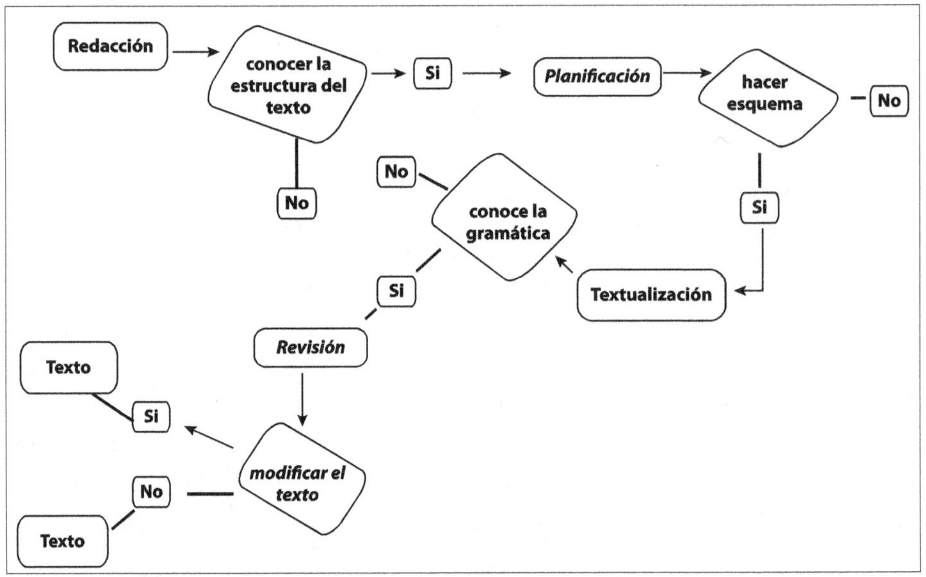

Diagrama de flujo.

Estrategia de integración formativa: lectura autorregulada

A continuación se presenta la lectura autorregulada como una estrategia didáctica, que en este caso retoma e integra algunas de las actividades anteriores desde un propósito de aprendizaje determinado.

La lectura autorregulada: una estrategia para la comprensión de textos

La comprensión de textos está presente en todos los escenarios de la vida, y por esto se le considera como una actividad crucial para lograr aprendizajes significativos. Una buena estrategia para la comprensión de textos permite el desarrollo de otras habilidades de estudio y de aprendizaje, como activar conocimientos, elaborar predicciones, elaborar preguntas, identificar ideas principales, elaborar resúmenes, contestar preguntas. Según Aristizabal (2003): "Un buen lector es aquel que lee rápido, comprende lo que lee y profundiza al máximo con el fin de sacar provecho de lo leído, ya que leer por leer –como un robot- no tiene sentido".

Entonces, para desarrollar una lectura estratégica y con sentido, puedo preguntarme ¿Cómo voy a leer?, ¿qué método me ayudará a alcanzar una clara comprensión de lo que leo y así ganar tiempo?, ¿conviene subrayar o tomar notas? Del modo que abordemos una lectura podemos obtener grandes, medianos o pocos resultados en nuestro estudio, trabajo y en toda nuestra vida. Básicamente, la lectura es un proceso de pensamiento y como tal, demanda la construcción de alguna respuesta por parte del lector, quien puede, por ejemplo, elaborar generalizaciones, hacer nuevas inferencias o planear diversas acciones.

Aquí se presenta un método sencillo que ayudará a convertirse en un lector autorregulado, es decir, que usted como lector estará motivado para aprender a través de la lectura. El método en referencia es, el método IPLER, elaborado por Robinson en 1940 y catalogado por Johns y Mc Nema en 1984, como uno de los mejores métodos para obtener un buen rendimiento académico, pues permite una mayor comprensión de lo leído.

El método comprende tres momentos:

1.	**Antes de leer**	Inspeccionar y examinar previamente la lectura. Preguntar y predecir.
2.	**Durante la lectura**	Leer con propósito. Expresar lo leído.
3.	**Después de la lectura**	Recuperar y verificar lo aprendido.

Momentos del método Ipler.

1. Inspeccionar y examinar previamente la lectura. Leyendo solamente los títulos, los subtítulos, gráficos, cuadros, figuras (si los hay), trate de descubrir de qué trata la lectura. El objeto de la Inspección es formarse una idea del tema global de la lectura e identificar el conocimiento que ya posee sobre el tema.

2. Preguntar y predecir. Predecir o anticipar lo que va a leer le ayudará a despertar interés por el tema de estudio, a poner en alerta la mente y a leer con propósito. Para esto, debe convertir en preguntas los títulos y subtítulos de la lectura. Los interrogantes que formula ahora, equivalen a las preguntas que usted le haría al autor si estuviera presente. Utilice las preguntas de cuándo, cómo, para quién, con qué fin.

3. Leer con propósito. Lea sección por sección y no un capítulo en su totalidad. Lea pensando en responder las preguntas que se formuló en el momento anterior y en el propósito de la lectura. Toda actividad que se realice con un propósito definido permite centrar la atención en aquello que es esencial y deja de lado lo innecesario. No subraye a medida que vaya leyendo, sino al finalizar uno o dos párrafos, porque sólo entonces sabrá qué puntos son dignos de resaltar. Debe construir sentido con lo que lee y con lo que sabía del tema antes de leer. Así alcanzará la máxima comprensión.

4. Expresar lo leído. Después de leída cada sección, responda con sus propias palabras las preguntas que se formuló anteriormente. Elabore un organizador gráfico (cuadro sinóptico, mapa conceptual, mapa mental, mentefacto, entre otros) con la ayuda de las partes subrayadas. Si no puede expresar sinópticamente lo que acaba de leer, quiere decir que aún no lo ha comprendido. Pero no reproduzca lo que dice el autor, sino que ejercite las habilidades de interpretación, crítica y aplicación.

5. Recuperar y verificar lo aprendido. Se afirma que se lee para aprender. Si se cumplieron los pasos anteriores existe una altísima probabilidad de que se haya aprendido mucho. En este momento haga un recorrido total del texto y explique con sus propias palabras los puntos principales identificados en la lectura.

Instrumento para registrar el proceso de lectura autorregulada

Título de la Lectura:_______________________________

Fecha:____

I.   Formular su propósito para esta lectura:_______________________________

II.
Inspeccionar y examinar previamente la lectura

A medida que se examine, responda las siguientes preguntas:

A.   ¿Cuál es el título del texto, el capítulo, el artículo, el cuento, el ensayo, etc., que va a leer?____
_____

B.   Establezca una relación entre imágenes, tipos de letra, citas, epígrafes, entre otros.

A partir de lo anterior, formule algunas preguntas que surgen de estas relaciones y que podrán ser resueltas durante la lectura.

III.   Preguntar y Predecir

A partir de la información anterior formule una hipótesis acerca del contenido de la lectura.

IV.   Leer con propósito

Lea el texto centrando la atención sobre las posibles respuestas a las preguntas que formuló anteriormente.

V.   Expresar lo leído

Mediante un organizador gráfico represente de manera sintética, las ideas fundamentales del texto y las relaciones establecidas entre éstas.

VI.   Recuperar ideas (aplicación o transferencia)

A partir de la lectura y el ejercicio realizado, elabore un texto que mantenga la misma estructura del texto leído.

Instrumento para registrar el proceso de lectura autorregulada.

<table>
<tr><td>Claves didácticas para potenciar el ejercicio</td></tr>
<tr><td>

Cuando se sugiere al lector la elaboración de un organizador gráfico, el docente debe verificar si este, de manera autónoma, se encuentra en capacidad de elegirlo o requiere del acompañamiento y explicación del maestro para seleccionar el más adecuado según el tipo de texto. Por ejemplo: si el texto es argumentativo, el organizador más apropiado sería una red argumentativa; si es expositivo- explicativo, podría ser funcional un mapa conceptual o mentefacto.

De acuerdo con el objetivo de aprendizaje que se pretenda, la lectura autorregulada y las actividades propuestas dentro de esta, pueden potenciar diversos aprendizajes, por ejemplo, identificar tipologías textuales, estructuras discursivas, recursos estilísticos y gramaticales, extraer información importante, configurar relaciones entre diferentes elementos, construir nuevos sentidos, generar nuevos conocimientos y/o teorías, entre muchos otros.

</td></tr>
</table>

Acciones didácticas para desarrollar habilidades de observación, descripción, análisis, relación y comparación, a través de procesos de aprendizaje

Observar, clasificar y describir

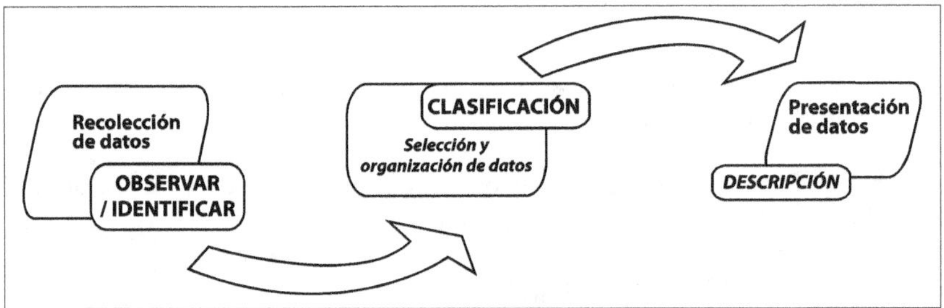

Observar, clasificar y describir.

La primera etapa de una buena descripción comienza con la observación de lo que se pretende describir; esto es, con el examen atento de sus diversos matices. Ello implica un acto reflexivo de búsqueda en el que participan todos nuestros sentidos. Hay que procurar discernir con precisión las formas y los colores, los sabores, los olores, los ruidos y las impresiones táctiles. Podemos ayudarnos formulando preguntas:

- ¿Qué veo?, ¿a qué o a quién se parece?, ¿qué me recuerda?, ¿Cómo es?

- ¿A qué sabe?, ¿qué sabor nos deja en el paladar al probarlo?, ¿sabroso, insípido, suculento, desabrido, ácido, amargo, agridulce, salado, dulce, rancio, ahumado, quemado, picante?

- ¿A qué huele?, ¿cómo huele?, ¿aromático, fragante, perfumado, acre, fétido?

- ¿Qué sonido o ruido produce?, ¿qué me recuerda este sonido?, ¿es armónico, disonante, resonante, un susurro, un murmullo, un chillido, una estridencia, un chasquido, un crujido, un traqueteo, una detonación, un eco, un silbido, un retintín?

- ¿Qué sensación o impresión produce al tocarlo?, ¿suavidad, aspereza, blandura, dureza, finura, tosquedad, tersura?

A la observación debe acompañarla el análisis y la valoración de lo que se observa dentro del contexto o ambiente en que se realiza el proceso. Así, para dar idea cabal de algo analizaremos las partes que lo componen, la función que desempeñan los distintos elementos o componentes y la relación de espacio y situación del objeto de la descripción con otros objetos circundantes. La observación nos permite recoger datos característicos de lo que deseamos describir. Luego es preciso seleccionar y ordenar estos datos conforme a un plan.

En la selección intervendrá siempre nuestro personal punto de vista. De entre los detalles observados elegiremos sólo los que mejor se adapten a nuestro propósito, los que ofrezcan una imagen más viva o más representativa del conjunto o del aspecto que nos interesa presentar. Luego ordenaremos estos datos de modo que la descripción resulte clara y coherente, es decir, procurando que sus elementos fundamentales estén claramente relacionados de acuerdo con una estructura básica o un plan preestablecido.

Una técnica frecuentemente recomendada como plan consiste en dividir los elementos, los espacios o las partes de lo que se quiere describir en una secuencia lógica. El orden de este plan puede ser:

1. Espacial. Comenzar de arriba hacia abajo o a la inversa; ir de izquierda a derecha o al revés; del interior al exterior; seguir el sentido de las manecillas del reloj o el sentido contrario.

2. Describir[8] primero lo general y luego lo particular o a la inversa. De lo panorámico a lo que se ofrece en primer plano o a la inversa.

---

[8] En el proceso de describir conviene distinguir tres fases: Recolección de datos (observación de la realidad), selección y organización de datos (plan) y presentación de datos (descripción).

3. Ir de la forma al contenido o al revés.

4. Trabajar en orden de importancia.

5. Trabajar por método asociativo. Entre otros.

La siguiente actividad permite apuntar al desarrollo de la observación y la descripción; para su realización, requerimos preparar el número de figuras geométricas o imágenes de acuerdo con el número de grupos que deseemos conformar.

La siguiente actividad permite apuntar al desarrollo de la observación y la descripción; para su realización, requerimos preparar el número de figuras geométricas o imágenes de acuerdo con el número de grupos que deseemos conformar.

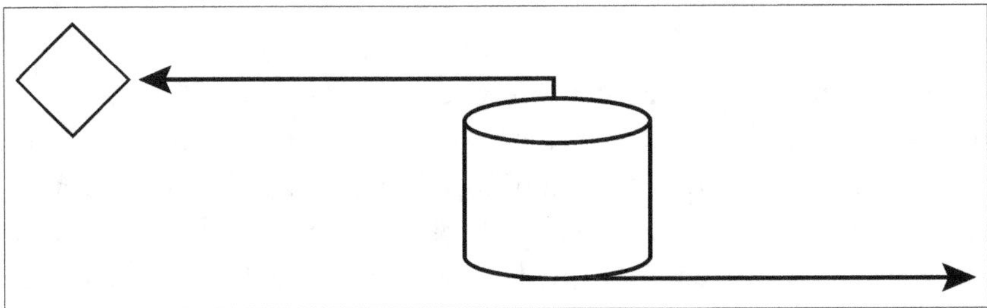

Las figuras irán acompañadas por una instrucción como: Observe atentamente la figura y describa a continuación lo que es. Prescinda de detalles como tamaño y grosor. Aquí interesa una descripción objetiva solamente: lo que la figura es en realidad, no lo que podría ser, lo que sugiere, ni cómo podría interpretarse. Su descripción debe tener tal precisión para que quien la lea pueda reproducir exactamente dicha figura.

Una vez repartidas las figuras y realizada la respectiva instrucción, solicitar que cada grupo desarrolle la actividad, explicando el tiempo con que cada grupo cuenta para hacerlo. Cuando se ha realizado la descripción, cortar por la línea punteada y entregarla a otro grupo (con diferente figura). Este grupo deberá dibujar la figura a partir de la descripción realizada; al igual que en el anterior momento, es necesario establecer el tiempo para su desarrollo.

Por último, invitar algún miembro de cada grupo para que realice en el tablero el dibujo a partir de la descripción realizada; una vez hechas las figuras, compararlas con la figura inicial y contrastar los resultados. Finalmente, realizar una reflexión en torno a las dificultades encontradas en el ejercicio y los requerimientos, (conceptuales, procedimentales y actitudinales) que implica un proceso de descripción.

Percibir, comparar, contrastar y describir

Según la psicología clásica, Neisser (1976), plantea la percepción como un proceso activo-constructivo en el que el individuo, antes de procesar la nueva información, con sus conocimientos y experiencias previas, construye un esquema informativo anticipado que le permite contrastar, comparar, relacionar, el nuevo estimulo y aceptarlo o rechazarlo según se adecue a su esquema inicial.

Para la psicología moderna, la interacción con el entorno no sería posible si no se establecieran este tipo de relaciones; en este sentido, puede definirse la percepción como el conjunto de procesos y actividades relacionados con estímulos externos que alcanzan y afectan los sentidos, mediante los cuales obtenemos y procesamos información respecto a nuestro hábitat, las acciones que efectuamos en él y nuestros propios estados internos.

El proceso perceptivo implica las sensaciones o el estimulo físico que proviene del medio externo en forma de imágenes, sonidos, aromas, sabores, texturas y de los aprendizajes y experiencias previas del individuo, sus motivaciones y condicionamientos frente al estimulo percibido. La percepción, como proceso de aprendizaje, permite involucrar todos los sentidos y potenciar habilidades como la comparación, el contraste, la observación, la descripción, entre muchas otras.

Estrategia de integración formativa: vamos a comer una mandarina

En el acto de pelar y comer una mandarina participan todos los sentidos, por lo que para la realización de esta actividad se requiere contar con igual número de mandarinas que de participantes. La finalidad del ejercicio es ir colocando palabras a lo que vamos percibiendo con los sentidos. Imagine que nunca ha visto una mandarina y desarrolle, para su observación, el siguiente ejercicio:

1. Tome una mandarina y obsérvela. Fíjese en su forma, su color, detalles de la corteza, ¿cómo es?, ¿qué le recuerda?, escríbalo en una o dos frases.

2. Toque la mandarina con la yema de los dedos y luego colóquela en la palma de la mano. Apriétela en su mano. Describa la sensación que produce al tacto.

3. Usando las uñas y luego el dedo pulgar, pele la mandarina. Describa esta actividad.

4. Escuche el sonido que produce la corteza al desprenderse de la pulpa. Compárelo con uno similar.

5. Una vez pelada, coloque la mandarina nuevamente sobre la palma de su mano. Describa su aspecto, ¿qué le recuerda?

6. Describa la actividad de separar la mandarina en dos secciones a partir del agujero superior y luego la de separar los gajos.

7. Tome uno de los gajos y degústelo. Describa la sensación y el sabor.

8. Para concluir, piense ahora en una oración que resuma la experiencia total de comer una mandarina. Utilice el material de los puntos precedentes, pero trate de concentrarse en lo más llamativo. Si lo cree oportuno, use la comparación.

Una vez concluido este ejercicio, es importante socializar el proceso por cada uno en relación con las sensaciones, el proceso vivido, las dificultades y las potencialidades que se encuentran en relación con el proceso de aprendizaje.

Acciones didácticas para desarrollar el pensamiento lógico

Analizar, sintetizar y establecer relaciones

Analizar implica la identificación de las partes de un grupo de elementos, de tal forma que se pueda dar cuenta de una exposición de los elementos de un concepto o conjunto, mostrando sus características o estableciendo sus causas, en caso de tratarse de una situación problémica. De igual manera, es importante desarrollar la habilidad para establecer nexos entre los diferentes componentes, de tal forma que se pueda desarrollar un proceso lógico de síntesis.

En este sentido, para potenciar el desarrollo de estas habilidades, podemos proponer ejercicios de aptitud matemática o aptitud verbal, tales como:

- Pensamiento numérico: se trata de encontrar el número correspondiente a la incógnita, ubicada siempre en el tercer lugar de la tercera línea horizontal. En el ejemplo, el 7 se obtiene restando 15 – 8; la misma fórmula hay que aplicarla a la tercera línea, y si el resultado es idéntico al que damos, se aplicará la fórmula a los dos primeros números de la tercera línea horizontal.

En las secuencias restantes no hay repetición de fórmulas, y los grados de dificultad son muy variables, pero todas constituyen un noble reto a la inteligencia.

Ejemplo:

8	15	7
6	18	12
7	11	4

¡Y ahora ensaya!

12	14	19
18	3	27
16	14	?

7	8	60
5	3	32
4	9	?

6	5	19
7	3	11
9	4	?

- Juegos con palabras: una de las características de la inteligencia es la capacidad de introducir el orden dentro del caos; paralelamente, la inteligencia tiene la potestad de reconocer un elemento extraño dentro de un todo homogéneo.

  Pues bien, este ejercicio propone ambos retos. En cada caso, damos un conjunto de diez palabras que, a primera vista, por estar despojadas de su estructura o sintaxis, carecen de sentido o mensaje organizado. Además, una de las diez palabras constituye un elemento extraño que es necesario eliminar. ¿Qué es lo que hay que hacer? Redactar coherentemente cada una de las frases presentadas en el ejercicio.

Ejemplo:

Sin – terrible – remedio – la -   <u>La enfermedad</u>
Viento- prosigue - enfermedad-   <u>es terrible y prosigue</u>
Desarrollándose – y - es-   <u>desarrollándose sin remedio. (viento)</u>
¡Y ahora ensaya!

Tiempo – reclaman – desde-   ________________________
Sueldos – los- social- mejores-   ________________________
Trabajadores – hace- mucho -   ________________________

Libro – bueno- contenga- que   ________________________
No- malo- algo- no- punto-   ________________________
Hay-   ________________________

Aprender- virtud- los- mucho-   ________________________
Enemigos – sus- de- sabios-   ________________________
Acostumbran – hombres-   ________________________

Relaciones lógicas inferenciales

Hacer ejercicios que permitan desarrollar nuestra lógica inferencial, ya sea en las matemáticas o en lo verbal, contribuye a la configuración de estrategias de pensamiento funcionales para la resolución de cualquier problema.

Resolvamos sudokus: Un sudoku consiste en una cuadrícula de casillas de 9x9, subdividida en 9 cajas de 3x3. Cada rompecabezas tiene una solución lógica y única. Para resolverlo, cada fila, cada columna y cada caja **deben** tener todos y cada uno de los números de 1 al 9.

7	2	1	5	9	3	4	6	8
					1			
					7			
					2	8	1	6
					8	2	4	3
					4	9	5	7
8	1	6			5			
2	3	7			9			
5	9	4			6			

Por otra parte, en relación con lo verbal, el ejercicio podría ser de organización. A continuación se presentan algunos temas correspondientes a un texto de biología. Organiza las partes, capítulos y temas de este texto; debes tener en cuenta que hay dos partes y siete capítulos, los demás son temas. Además, escoge el título y redacta la presentación.

Desarrollo

Partenogénesis y hermafroditismo
Nervios y sustancias comunicadoras
Artistas de la transformación
Los órganos del cuerpo y sus capacidades
Para lo que sirven el estómago y el intestino
El ojo

Acciones didácticas para desarrollar el pensamiento creativo

La originalidad y la creatividad son competencias básicas que deben desarrollar los equipos de trabajo, pues cada vez más se hace necesario proponer ideas innovadoras que den respuesta a nuevas problemáticas. Por ello es importante desarrollar ejercicios que nos exigen tener pensamiento flexible y creativo para resolver los problemas de la mejor manera.

Inferir, deducir, proponer, justificar

La inferencia se encuentra estrechamente conectada con el pensamiento lógico, que parte de todos los seres humanos, aunque no se desarrolle tan sistemáticamente su ejercicio ni el análisis mismo de su potencial. En relación con los procesos aquí involucrados, se destaca la deducción, partir de dos enunciados hechos o relacionados (premisas), de los que podemos inferir una conclusión que, por lo tanto, permite un alto grado de confiabilidad, y la inducción cuyo grado de certeza es menor, puesto que inferimos las premisas de las conclusiones. Algunos ejercicios básicos de esta naturaleza son:

- *Problema de los compañeros del banco*[9]: El gerente, el contador, el cajero y el auditor de nuestro banco son la señora Verde, la señora Blanca, el señor Negro y el señor Marrón, pero nunca conseguimos decidir quién es quién: 1) El señor Marrón es más alto que el auditor o el cajero. 2) El gerente almuerza solo. 3) La señora Blanca juega cartas con el señor Negro. 4) El más alto de los cuatro juega baloncesto. 5) La señora Verde almuerza con el auditor y el cajero. 6) El señor negro es mayor que el auditor. 7) El señor Marrón no practica ningún deporte. ¿Puedes ayudarme a determinar con seguridad quién es quién exactamente?

---

[9]   Tomado de Larry E. Wood (1998). *Estrategias de pensamiento, ejercicios de habilidad mental.* Labor. S.A.

- *Completar un texto*: El siguiente ejercicio consiste en identificar la palabra apropiada para completar cada uno de los enunciados, lo que implica un ejercicio de inferencia y deducción.

ANOREXIA: UNA DE CADA DIEZ ____________ LA PADECE, SE NIEGAN A ____________ POR MIEDO A ENGORDAR

Hace __________ más de un mes, nos __________ la noticia de que una __________ inglesa había aparecido en la __________ de su país pidiendo ayuda __________ vencer la enfermedad que consume __________ su hija Samantha. Esta joven __________ 26 años padece anorexia nerviosa __________ los 13, cuando inició un __________ de adelgazamiento con Micaela, su __________ gemela, que acaba de fallecer. __________ sólo 32 kilos de peso Samantha __________ la piel pegada a los __________ y apenas podía mantenerse en __________, pero cuando se mira al __________ se ve gorda, y se __________ a comer. Es la situación __________ de una enfermedad que afecta __________ una de cada 100 jóvenes, en __________ mayoría de los casos adolescentes. __________ de cada diez pacientes, nueve __________ mujeres. Como Paloma Martín. Su __________ nos pone los pelos de __________, porque, por suerte, ella ha __________ su enfermedad a tiempo. Los __________ le diagnosticaron anorexia nerviosa con __________ de bulimia (el caso contrario: __________ por comer), dos alteraciones que __________ veces van unidas. "Empecé a __________ 17 años con pequeñas depresiones, que __________ en la comida. A continuación __________ remordimiento, y, en secreto, me __________ el vómito y tomaba laxantes", __________ cuenta. "Hasta que engordé mucho y __________ puse a dieta. Al principio, __________ familia lo vio bien; había __________ algunos kilos y no pasaba __________ porque intentara perderlos. Pero __________ problema es que, de pronto, __________ se convierte en un vicio, __________ obsesión que se te escapa __________ las manos. La mente se __________ de tu cuerpo y te __________. Primero pierdes un kilo, luego __________ y después quieres quitarte cinco __________, y tú misma vas buscando __________ de conseguirlo rápidamente. Casi no __________; pensaba que hasta un vaso __________ agua me iba a engordar; __________ la comida y la tiraba __________ salía a la calle, para __________ mis padres no lo supieran, __________ al mismo tiempo me atiborraba __________ pastillas y productos adelgazantes. Y __________ consumía en dosis hasta tres __________ superiores a la que indicaba __________ empaque. Llegué a pesar 44 kilos, cuando, __________ me decían, mi peso ideal __________ de 52-53 kilos. Pero llegó un __________ en que ya no me __________ tanto mi peso como mi __________: tenía el estómago inflamado, sentía __________ y no podía dormir. Entré __________ una fase de depresión. No __________ hablar con nadie, no salía __________ casa, me daba asco de mí __________; empecé a aislarme y perdí __________ amigos".

- *Estrategia de integración formativa: el caso de Jacques Mallard*[10]

La capacidad de inferir elementos que no están explícitos en el texto, de establecer relaciones, generar hipótesis y brindar razones para creer en ellas, debe ser parte esencial del proceso formativo. Por cuanto, las investigaciones demuestran
que el trabajo sistemático con los textos argumentativos, dada su complejidad, garantiza la comprensión y producción de textos de otra naturaleza. Además, estas habilidades son también básicas para desarrollar cualquier proceso de investigación.

Así las cosas, la argumentación implica ofrecer una hipótesis o serie de hipótesis y presentar razones que las sustenten, lo cual exige establecer las relaciones argumentales adecuadas, basadas en los fundamentos o garantes pertinentes; es decir, un marco conceptual que valide las relaciones propuestas y que surge del conocimiento compartido entre escritor y lector; conocimiento que en la mayoría de los casos debe ser inferido.

➤ *Trabajo en equipos*

1. Se conformarán 6 grupos de trabajo (de 3 personas cada uno), a cada grupo se les asigna un texto diferente.

2. Cada grupo debe leer su texto en un tiempo máximo de 3 minutos y devolverlo enseguida al mediador.

3. Una vez el mediador tenga todos los textos, solicitará nuevamente que cada grupo diga la fecha de la carta o texto que leyó (seguramente muchos grupos no han revisado este detalle, por lo que se

---

10   Adaptado de algunos fragmentos de la obra de Sir Arthur Conan Doyle.

sugiere que el mediador haga una breve reflexión sobre la habilidad de OBSERVAR, lo que implica recuperar todos los detalles de lo observado).

4. Una vez que cada grupo ha leído el texto que se le ha asignado, se procederá a la conformación de nuevos equipos, de tal manera que en cada uno participe un integrante de los otros grupos, lo cual garantiza que en cada grupo se tenga la información correspondiente a cada texto asignado.

5. Se invita a que cada miembro del nuevo grupo empiece a contar a sus compañeros la información del texto que leyó (con todos los detalles) y entre todos reconstruyan la historia completa.

6. Una vez reconstruida la historia deben tratar de dar respuesta a la gran pregunta: ¿QUÉ PASÓ? ¿CUÁL ES LA EXPLICACIÓN DE ESTE MISTERIO?

7. El mediador invitará a cada grupo o representante a socializar la respuesta que ha encontrado para resolver el misterio. Esta respuesta debe incluir la explicación de todos los hechos que quedaban por esclarecer y una sustentación lógica de cada hipótesis o respuesta que se proponga.

8. Una vez expuesta la solución de cada uno de los grupos, se debe elegir la que el grupo en pleno considere más apropiada. Es decir, aquella que solucione de forma coherente y lógica el misterio.

Para orientar la socialización, el mediador se puede valer de las siguientes preguntas:

- ¿Quiénes eran los dos hombres que secuestraron a la esposa del profesor Mallard?

- ¿Cómo lo sabemos?

- ¿Qué hicieron las ratas luego?

- ¿Por qué atacaron al hombre ebrio?

- ¿Cuál era el objetivo de liberar las ratas alcohólicas?

- ¿Qué va a pasar en la Abadía de Westminster la próxima semana?

- ¿Qué vestían los dos anarquistas cuando sacaron las ratas de la jaula?

- ¿Por qué tomaban todas estas precauciones?

- ¿El profesor Mallard tenía otras ratas?

- ¿Cómo hacen los anarquistas para llegar a Londres con una jaula llena de ratas?, ¿por barco?, ¿por avión?, ¿nadaron?, ¿qué otra explicación hay?

- ¿Cuáles son las evidencias para sustentar su hipótesis?

- ¿Quién era la mujer muerta en el campo a las afueras de Little Nething al sur de Inglaterra?

- ¿Cómo lo saben?

- ¿Quién la mató?

- ¿Por qué primero se la llevan y luego la asesinan?, ¿por qué pertenecía a la burguesía?, o, ¿hay otra explicación?

- ¿Pasó algo más esa noche en el pueblo?, ¿cómo se explica este hecho?

A continuación se presenta cada uno de los textos anunciados.

Le Bois
Saint Omer
Francia
Enero 23 de 1902

Estimado señor Holmes:

Le escribo muy preocupado para contarle que mi querida esposa Ana fue secuestrada. Ella se encuentra en peligro. Mi nombre es Jacques Mallard y soy biólogo. Ana y yo vivimos en una casa remota, propiedad de mis padres, en el norte de Francia, cerca al canal de la Mancha. Mi laboratorio está situado en uno de los extremos de la casa.

Anoche a las 9, cuando estábamos cenando con mi asistente de investigación, mis padres y mis cuatro hermanos y sus esposas, escuchamos ruidos, en el laboratorio. Todos fuimos a ver qué había pasado. Cuando abrimos la puerta, encontramos a dos jóvenes armados. Los reconocí de inmediato: hace un mes ellos habían tomado en arriendo una cabaña, ubicada a un kilómetro de allí.

"Es lamentable que nos hayan interrumpido", dijo uno de ellos. "Tendremos que llevar a la señora con nosotros". Su compañero asintió. "Profesor", continuó el primer hombre, "si desea ver a su mujer de nuevo, no debe llamar a la policía. El silencio es su única esperanza de volver a verla. Venga con nosotros, señora". Y los dos hombres se perdieron en la noche, con mi mujer y una jaula de ratas.

Mis hermanos deseaban perseguir a los criminales con sus armas de caza pero yo se los prohibí por las consecuencias que esto podría traer para Ana. Sin embargo, salimos con la primera luz del día. Las huellas de los criminales y de su rehén eran más que visibles en la gruesa nieve.

Las huellas conducían directamente a la cabaña de los dos hombres; pero finalizaban cinco metros antes de llegar a ella, junto a un anillo de hierro incrustado en un bloque de concreto. Había una soga de tres metros atada al anillo. La cabaña estaba vacía y no había signo alguno de mi mujer ni de los criminales.

Le mencioné que los ladrones se llevaron una jaula de ratas. Yo estaba usando esos roedores para una investigación acerca del alcoholismo, y periódicamente les inyectaba licor hasta convertirlos en alcohólicos. Afortunadamente, los criminales no vieron una segunda jaula, que se encontraba bajo llave en el aparador. En ella estaban las ratas que yo había inyectado con el virus de la peste bubónica, para estudiar esta terrible enfermedad.

Han pasado doce horas y no sé si mi esposa aún continúa con vida. Por favor, señor Holmes, tome el primer barco a Francia. El dinero no es problema. Le ruego que no diga ni una palabra de esto a Scotland Yard.

Jacques Mallard

CUANDO EL DIABLO LLEGÓ A LITTLE NETHING
THE TIMES Enero 24 /1902

Mujer encontrada muerta en el campo
"Es obra del demonio", dicen los pobladores

Una dama no identificada fue hallada muerta en las afueras de la población de Little Nething, 40 Km al sur de Londres. El cuerpo fue encontrado a las 8:00 de la mañana del 23 de enero por algunos campesinos que iban hacia su trabajo. Inmediatamente, llamaron a la policía local que más tarde solicitó detectives a Londres.

Cuando la mujer fue encontrada, yacía en un campo a unos 90 metros de la casa más cercana. Había recibido un disparo en la cabeza y además tenía la espalda rota. A pesar de ser una fría noche, la mujer no llevaba abrigo ni chaqueta y en su cuello había una servilleta de mesa. Todas sus ropas eran de origen francés.

El verdadero misterio que rodea este caso es cómo llegó el cuerpo a este sitio. La noche anterior había nevado hasta las cuatro de la mañana. Era una fría noche y la nieve alcanzó cuatro centímetros de espesor. El cadáver yacía sobre la nieve, pero no había nieve sobre él, lo que indi-

125

ca que la mujer habría muerto después de que cesó la nevada. Pero lo realmente extraordinario es que no había huellas alrededor del cuerpo.

Los expertos de la policía ya identificaron la bala que mató a la dama, pertenece a un Derliu calibre 67, un revolver francés. El arma no ha sido encontrada aunque el disparo que mató a la mujer fue escuchado por dos personas que viven en casas cercanas. Ambas oyeron un disparo hacia las cinco de la mañana y creyeron que probablemente se trataba de un cazador furtivo.

Sin embargo, la mujer hallada muerta en el campo no fue el único misterio que ocurrió en Little Nething anoche. La cruz de la torre de la iglesia, quinientos metros al sur del lugar donde se encontró la mujer, amaneció doblada. "No puedo imaginar cómo ocurrió", dijo el reverendo James Pillard, sacerdote de la población. "Esa cruz ha estado en su lugar durante 200 años y nunca antes se había doblado. Es de acero grueso. Estaba haciendo viento anoche, pero sólo era un ligero viento meridional, nada que pudiera doblar una cruz sólida de dos metros y medio de altura". Los habitantes supersticiosos de Little Nething ya están diciendo que su población fue visitada por el demonio.

Enero 27 de 1902

Estimado señor Holmes:

Soy el encargado de la seguridad para la ceremonia de coronación del rey Eduardo, que se llevará a cabo en la Abadía de Westminster la próxima semana. Cuando el rey sea coronado, se encontrarán allí 33 jefes de gobierno. Esta sería una oportunidad ideal para que terrorristas internacionales asesinen a todos los líderes del mundo de una sola vez.

Por ello, en los dos últimos meses hemos destacado un cuerpo especial de policía en todos los puertos de Gran Bretaña, con las fotos de los terroristas más peligrosos del mundo para verificarlas con los pasajeros que llegan al país. La Armada Real está revisando cualquier bote, por pequeño que sea, que se aproxime a aguas inglesas y se ha ofrecido una recompensa de 5.000 libras a quien dé información acerca de cualquier desembarco ilegal en la costa. ¡Ni un ratón podrá pisar suelo inglés sin que lo sepamos!

Pero parece que todas las precauciones no han sido suficientes. Hace dos noches, tres policías ocultos en los jardines de la abadía de Westminster tuvieron una extraña visión: dos jóvenes, que vestían batas blancas como las de los científicos, con guantes de goma y mascarillas como de cirujanos, llegaron a los jardines con una jaula. Ellos no se percataron de que los policías los observaban, y abrieron la jaula justo en frente de la puerta de la abadía. Cuál no sería la sorpresa de los policías cuando vieron lo que salía de la jaula: ¡Ratas!

¡Todo el asunto es un completo misterio¡ ¿Cómo entraron al país Leclerc y García? Cada policía en cada puerto tiene sus fotos desde hace dos meses. ¿Y por qué liberaron esas ratas en los predios de la abadía?

Anoche el asunto se volvió aún más complejo. Un hombre ebrio salió de una taberna y fue a dormir en una de las bancas de los jardines de la Abadía de Westminster. El hombre había estado bebiendo de una botella de ginebra. Al quedarse dormido, el licor se derramó sobre su barba y vestido. Cuando un policía lo encontró, las ratas enceguecidas destrozaban las ropas del hombre y su rostro estaba cubierto de sangre. Los enloquecidos animales bailaban sobre los restos de su víctima.

Señor Holmes, algo está pasando. ¿Qué?

Investigador Lestrade

Acciones didácticas para desarrollar procesos de organización, producción y socialización de conocimientos

Escribir de manera autorregulada

Según la concepción cognoscitiva, escribir es un proceso que involucra un ejercicio de construcción de significados y requiere la participación activa del escritor, quien debe aplicar operaciones mentales complejas, como: planificar (planear el proyecto de escrito estableciendo con precisión el tema: ¿Sobre qué quiero escribir?; la finalidad: ¿Para qué escribo?; el tipo de texto: ¿Qué voy a escribir?, y el destinatario: ¿Para quién escribo?); redactar (escribir un borrador o primera versión del texto, que se ajustará al plan previsto en la fase anterior), y revisar (evaluar y modificar el texto, teniendo en cuenta si expresa lo que se pretendía, si no sobran o faltan ideas y si estas se expresan con orden y claridad, si el texto podrá ser fácilmente leído por los destinatarios y si se alcanza la finalidad perseguida).

A continuación se presentan tres tipos de texto cuya elaboración puede potenciar habilidades como: seleccionar y relacionar información de diversas fuentes, argumentar las propias ideas, sustentar ideas de otros autores, entre otras.

- *Exposición técnica*: Es una clase de discurso que tiene por objeto transmitir información, explicar o clarificar un tema. Es una forma de organizar ideas con el propósito de establecer las relaciones lógicas que estas guardan entre sí. Puesto que la exposición va encaminada a informar, todo texto expositivo debe presentar los contenidos de una forma clara y ordenada y objetiva.

  ➤ *Características de la exposición técnica*

a. La claridad y precisión: Hay que huir de las ambigüedades para evitar confusiones y facilitar la comprensión de la información presentada.

b. No hay que emitir juicios de valor que podrían sesgar la interpretación de la información.

c. El mensaje de la exposición requiere ser comprensible, los mensajes más comunes se orientan hacía los siguientes métodos y formas de exposición: Identificación, ¿quién es?; Definición, ¿qué es?; Clasificación, ¿cómo está estructurado?; Ilustración, Ejemplo o modelo, ¿a qué se parece?; Procesos, ¿cómo se hace?; Comparación y contraste, ¿cuáles son las semejanzas y diferencias?; Análisis, ¿en qué partes se divide?; Síntesis, ¿cómo está compuesto?; ¿cómo funciona?

- El ensayo: El ensayo es un texto argumentativo, en el cual el autor expone sus ideas acerca de un tema en particular. Su propósito puede ser entretener, influir la opinión del lector o arrojar nueva luz sobre un tema importante para el lector.

El estilo del ensayo debe ser conciso, lógico y agradable, y admite la expresión del punto de vista personal, apoyado en textos o ideas de otros autores, para producir un pensamiento propio. En el mismo, se presenta una propuesta o especie de tesis -sin llegar a serlo- y se defiende con todos los argumentos posibles, los cuales deben estar bien fundamentados con opiniones personales, exposiciones teóricas, ejemplos de la vida real y citas de autoridad.

El ensayo básicamente consta de cuatro partes:

- Introducción: Una corta introducción de uno o dos párrafos en los que se expone claramente la tesis u opinión que se expone en el ensayo, además de adelantar las conclusiones.

- Cuerpo: Despliega el argumento con hechos, pruebas u opiniones de terceros. Por lo general, la primera parte de un ensayo casi siempre se inicia con un resumen de lo más relevante de la literatura sobre el problema analizado. Con esa base se va exponiendo el argumento paso a paso, siempre con el apoyo de un buen número de referencias bibliográficas. Se plantean las ideas propias y se sustentan con información de las fuentes necesarias: libros, revistas, Internet, entrevistas y otras.

- Conclusión: El ensayo termina afirmando la misma tesis como cierre de todo lo expuesto. En este apartado el autor se permite dar algunas sugerencias de solución, cerrar las ideas que se trabajaron en el desarrollo del tema y proponer líneas de análisis para posteriores escritos. No requiere mayor extensión, puesto que al ser el ensayo de tipo argumentativo, todos los elementos de juicio quedan expuestos en el cuerpo del mismo.

- Bibliografía: Al final se escriben las referencias de las fuentes consultadas que sirvieron para recabar información y sustentar las ideas o críticas; estas fuentes pueden ser libros, revistas, referencias tomadas de Internet, entrevistas, programas de televisión, videos, etc.

Acciones didácticas para el desarrollo de habilidades interpersonales

Las competencias interpersonales son aquellas que permiten al ser humano relacionarse consigo mismo y con los demás de manera constructiva, coherente y pertinente. Estas competencias facilitan los procesos de cooperación para el aprendizaje en grupo y el trabajo en equipo.

Aprendizaje en pequeño grupo

El aprendizaje autónomo requiere de la disposición personal para autogestionar procesos de aprendizaje, lo que implica mantenerse en contacto consigo mismo, con ideas, hechos y fenómenos de la realidad y con los otros, a través del desarrollo de habilidades que favorezcan la interacción social.

Por lo anterior, el trabajo en grupo se convierte en el escenario propicio para gestar y fortalecer la cultura del diálogo, la discusión, la argumentación y la sana convivencia. Es un espacio de interaprendizaje en el que cada uno de sus integrantes tienen la oportunidad de:

- Generar nuevos aprendizajes a través de la discusión y socialización de diferentes puntos de vista.

- Autogenerar identidad constituyéndose en unidad social con normas, estructura, metas, cohesión y comunicación.

- Generar capacidad de autorregulación para construir y respetar normas de interacción.

El trabajo de grupo potencia actitudes como:

- Poseer autonomía de pensamiento y ser responsable de las propias decisiones.

- Prestar atención a las relaciones interpersonales, pero también a la tarea que debe cumplir.

- Tener un líder designado pero compartir el liderazgo entre todos.

- Ajustarse a las normas señaladas, pero desarrollar sus propias reglas de juego.

- Diseñar mecanismos de comunicación entre los miembros del grupo y de este con otros grupos.

- El aprendizaje en pequeño grupo, requiere niveles organizativos para definir roles, estructurar procedimientos de trabajo y crear estrategias de interacción para el cumplimiento de las demandas comunes.

- Existe grupo cuando hay interacción, es decir, influencia recíproca, comunicación, motivos para agruparse, normas, metas y sentido de pertenencia.

- El trabajo en grupo exige a los participantes un saber, un saber hacer y unas habilidades básicas como escuchar, tomar notas, participar, negociar, cooperar, jalonar, organizar, comunicar, tomar decisiones, discutir, dialogar, solucionar problemas, ente otros.

- Conocer y aplicar el proceso. El trabajo de grupo comprende actividades en las cuales el estudiante participa desde dos instancias: el trabajo individual, como actividad preparatoria, y el trabajo de grupo, como espacio de puesta en común y aprendizaje.

- El proceso está integrado por actividades preparatorias que corresponden a las acciones de estudio independiente y la preparación para el desempeño de los diferentes roles; por otro lado, están las actividades de desarrollo correspondientes al trabajo de grupo, en las que se ponen en común los productos de aprendizaje, las preguntas, inquietudes, dudas, sugerencias y pautas para el estudio. Por último, se encuentran las actividades de finalización o de cierre de la sesión de trabajo, en donde se evalúan los desempeños de los miembros del grupo.

- Para aprender a trabajar en grupo es necesario desarrollar habilidades de interacción, conocer y practicar el proceso y aprender a ejecutar los diferentes roles. Todo miembro de un grupo tiene que desempeñar dos clases de roles: roles que contribuyen al funcionamiento del grupo y roles que contribuyen a realizar la tarea que le corresponde al grupo.

El aprendizaje cooperativo

El aprendizaje cooperativo es una estrategia que promueve la participación colaborativa y tiene como propósito conseguir que los estudiantes, organizados en pequeños grupos, se ayuden mutuamente para alcanzar sus objetivos y aprovechen al máximo el aprendizaje propio y el que se produce en la interrelación. Su aplicación exige algunas condiciones básicas:

- Existencia de una tarea grupal, es decir, de una meta específica que los deben alcanzar conjuntamente participantes, ya que requiere necesariamente de la contribución de todos y de cada uno.

- Disposición de recursos suficientes para mantener y hacer progresar la actividad.

- La responsabilidad debe ser compartida.

- El grupo debe ser heterogéneo y sus miembros interdependientes.

- Buena voluntad para participar en el aprendizaje cooperativo.

Son diversas las posibilidades de desarrollo que ofrece la aplicación del aprendizaje cooperativo. Veamos algunas:

- Exige que todos se hagan responsables del desempeño del grupo.

- Genera un compromiso dirigido a hacer una tarea lo mejor posible.

- Fomenta el avance en la socialización, por cuanto favorece el cultivo de los valores sociales de mutua colaboración y responsabilidad compartida.

- Favorece el desarrollo de los factores afectivos, dadas las oportunidades que tienen los participantes de sentir satisfacción al ayudar a los demás, experimentar confianza en sí mismos, en razón a las propias realizaciones, fortalecer el sentido de pertenencia y lograr las metas propuestas.

- Apoya de manera importante el cambio conceptual por las oportunidades de encuentro con nuevas informaciones, el intercambio con otros y las posibilidades de compartir con perspectivas diversas.

- Provee ambientes en los que el estudiante toma el control de su propio aprendizaje.

A continuación se enuncia una alternativa para aplicar el trabajo cooperativo:

- *Técnica del rompecabezas* (Aronson, 1978). En esta estrategia, se conforman grupos. Cada uno recibe una parte de la unidad didáctica. Con posterioridad, cada miembro del grupo que ha preparado su parte, se reúne con los demás miembros del resto de los grupos que han estudiado el mismo material, y forman un pequeño grupo de expertos donde se discute la información antes de volver a enseñarla a su grupo de referencia.

El proceso:

- Organización en pequeños grupos de cuatro a seis personas.

- División del tema en subtemas y asignación de cada uno a nivel interno en el pequeño grupo.

- Apropiación conceptual del subtema asignado. Para ello el participante aplica la estrategia de aprendizaje individual, a fin de lograr la conceptualización correspondiente.

- Socialización de conceptualizaciones. Se reúnen por grupos según los subtemas, es decir que en este momento se constituyen grupos de especialistas en los subtemas. Este encuentro tiene como finalidad confrontar conceptualizaciones, corregir interpretaciones, complementar la información y, en general, afinar el tratamiento del subtema asignado.

- Aprendizaje mutuo en los grupos originales. Los participantes regresan a sus grupos originales y hacen el ejercicio de docencia y aprendizaje simultáneos de los subtemas señalados.

Acciones didácticas para el desarrollo de habilidades metacognitivas

La metacognición es un proceso en el que confluyen aspectos cognitivos, emocionales y de reflexión sobre el propio proceso de aprendizaje, lo que permite regularlo, identificando sus alcances, limitaciones y potencialidades. En términos formativos, es un importante mecanismo para que el estudiante identifique los procedimientos que pone en juego al desarrollar una tarea de aprendizaje y a la vez determine las estrategias que mejor se adecuan a su estilo cognitivo.

Matriz C-Q-A

Es una estrategia desarrollada por Ogle (1986), para activar el conocimiento previo de los estudiantes y ayudarles a determinar sus propósitos frente a un aprendizaje nuevo. Requiere que los alumnos focalicen su atención en tres preguntas: dos antes de acceder al tema de estudio y una después de haber ejecutado las actividades.

Nombre del tema:		
¿Qué conozco sobre este tema? (C)	¿Qué quiero aprender?(Q)	¿Qué aprendí? (A)
Otras fuentes de consulta		

Ejemplo de matriz C-Q-A.

Las preguntas de las dos primeras columnas "C" y "Q", hechas antes de acceder a la información, activan el conocimiento previo de los estudiantes y permiten establecer los propósitos frente al tema, generando dudas que ellos desean responder. Durante el último paso, los estudiantes registran la columna de la "A", escribiendo las respuestas a las preguntas que ellos se plantearon en la columna "Q". Esto ayuda a observar qué preguntas no fueron respondidas a través del estudio del tema o si ellos tienen preguntas adicionales. Además, estimula a los estudiantes a ampliar la información para profundizar en el tema.

La reflexión como mecanismo indispensable para el cambio personal y social

Todo proceso de transformación o cambio implica un compromiso personal que parte de identificar las razones que lo motivan, proyectar los cambios o las situaciones esperadas y con este horizonte establecer las acciones más adecuadas para su alcance. A continuación se propone una serie de momentos para facilitar este proceso:

- *Momento 1. Reflexión personal: buscando razones para el cambio personal...*

a. Cierre los ojos por algunos momentos y visualice un evento exitoso dentro de su vida.

b. Piense en preguntas como: ¿Cuáles fueron los factores que determinaron el éxito de este evento?, ¿cómo me sentí haciendo parte de éste?, ¿cuáles fueron mis aportes para lograr el éxito?, ¿cuáles de mis fortalezas quedaron evidenciadas allí?, ¿qué puedo hacer para repetir esta situación?

c. Describa o dibuje en el siguiente cuadro el evento o situación visualizados.

d. Cierre los ojos una vez más y visualice un momento en el que haya tenido una gran dificultad dentro de su vida.

e. Piense en preguntas como: ¿Cuáles fueron los factores que determinaron el fracaso de esta situación?, ¿cómo me sentí en ella?, ¿cómo pude haber obrado o qué pude haber hecho para que no se diera el fracaso en esta situación?, ¿qué debilidades quedaron aquí evidenciadas?

f. Describa o dibuje en el siguiente cuadro el evento o situación visualizados.

- *Momento 2. Visualizando la situación esperada en el futuro...*

a. En el siguiente cuadro haga un dibujo o esquema que represente la situación que desearía tener en el futuro.

- *Momento 3. Proyectando nuestras metas: diseñando la ruta para llegar a la meta...*

a. Identifique qué condiciones, recursos, estrategias, acciones y actitudes necesita para alcanzar la imagen de futuro que ha visualizado.

b. Complete el siguiente cuadro para sintetizar la información presentada.

¿Qué fortalezas personales tengo que que poner en juego para alcanzar la meta propuesta?		
¿Cuáles son las acciones que debo emprender?		

A manera de conclusión

La calidad de la educación es un tema de particular interés, no sólo por lo que ésta representa en términos de desarrollo para un país, sino de las implicaciones que tiene en la formación de las generaciones jóvenes, para lo cual se requiere una reflexión permanente acerca de las necesidades educativas reales para un contexto y un momento histórico determinado; una acción concreta y constante, y una evaluación periódica que permita una toma de decisiones pertinente y adecuada.

En el sentido de la reflexión, es importante establecer la relación necesaria e inaplazable entre lo educativo y lo pedagógico como ámbitos fundamentales para la generación de procesos formativos pertinentes, contextualizados y promovidos no desde la coacción, sino desde la convicción, pues para participar hay que creer.

Hacer que los estudiantes aprendan y se desarrollen de acuerdo con sus potencialidades, es el mayor deseo del maestro, el postulado de la educabilidad, en este aspecto, es la razón de ser de la profesión docente. La autonomía del estudiante, en este sentido, es un tema difícil para el maestro, ¿cómo permitir que el estudiante elija libremente lo que desea aprender, cuando aún no está en condiciones de hacerlo o, por el desconocimiento de muchas cosas, no puede establecer claramente su interés?

> "Nada más complejo, pues, que la definición de los conocimientos que hay que enseñar en la escuela. Nada más determinante, también, para el futuro de un país. Es esta una de las mayores responsabilidades de los adultos, y ellos son los únicos que pueden asumirla, aunque, evidentemente la consulta hecha a los alumnos puede ofrecer indicaciones muy valiosas"
>
> (Meirieu, 2004).

La tensión entre una programación rigurosa y los intereses y motivaciones de los estudiantes, se convierte en una de las principales tensiones en el espacio educativo; aprender implica interesarse, motivarse, ponerse en situación de proyecto, esto, como Meirieu nos dice, significa una motivación implícita, particular e inherente a cada individuo, sólo desde allí se logra el verdadero aprendizaje y, por más estrategias pedagógicas o didácticas que el maestro ponga en juego, se requiere del estudiante, sacarlo de su estado de ensimismamiento y llevarlo al espacio de la participación. ¿Cómo ha-

137

cerlo?, ¿cómo generar mecanismos para comprometerlo con un proceso que ha sido diseñado por otros, en un mundo donde aparentemente todo está establecido, un mundo desconocido y por tanto atemorizante?

Este mundo, este espacio de la escuela donde todo es novedoso y a veces demasiado difuso, resulta para el estudiante como una caverna en donde la luz se confunde con las sombras y la realidad parece diluirse en dialectos extraños, las palabras del docente, las teorías, los datos y las fechas, se convierten en fantasmas que, amenazantes, requieren ser aprendidos, asimilados, convertidos en aprendizajes.

Para el maestro es un camino para el rescate, para la socialización, hay que transformar a este pequeño sujeto en un ser civilizado, rescatarlo de las sombras de la ignorancia y convertirlo en un ciudadano del mundo, para lo cual se requiere superar enormes obstáculos: Hablar el mismo lenguaje, compartir expectativas e intereses cuando hay entre ellos una brecha generacional, deseos encontrados y una sentencia que pesa enormemente ¡Hay que ponerse al alcance de los niños pero nunca a su nivel!

Hay que llevar al niño al ejercicio pleno de su autonomía, pero este no es un proceso automático, requiere de un acompañamiento permanente, de una tutela amigable, de un conocimiento mutuo, en palabras de Saint Exupery de un proceso de domesticación…

"Entonces apareció el zorro.
-Buenos días dijo el Zorro.
-Buenos días respondió cortésmente el principito.
…¿Quién eres? –Dijo el principito- Eres muy lindo…
-Soy un zorro –dijo el zorro-.
-Ven a jugar conmigo –le propuso el principito – ¡Estoy tan triste!
…No puedo dijo el zorro- no me has domesticado.
…¿Qué significa domesticar?
…Significa crear lazos…-dijo el zorro.
-¿Crear lazos?
-Sí- Dijo el zorro- Para mí no eres todavía más que un muchachito semejante a cien mil muchachitos. Y no te necesito. Y tú tampoco me necesitas. No soy para ti más que un zorro semejante a cien mil zorros. Pero, si me domesticas, tendremos necesidad el uno del otro. Serás para mí, único en

el mundo, seré para ti único en el mundo...

Este proceso de "domesticación" requiere de espacios de libertad, de rutinas y acuerdos compartidos, de intereses mutuos, de autonomías individuales, para así permitir que el estudiante se convierta en:

> "Un sujeto que interroga el mundo y se interroga sobre el mundo. Un ser que pone en práctica, cotidianamente, una verdadera autonomía porque, en la escuela, habrá vivido la experiencia decisiva y contagiosa del saber que libera de todas las formas de dominio, incluido el de las situaciones escolares"
>
> (Meirieu, 1986).

Retomando a Saint Exupery, esto significa generar ritos y rutinas que vayan desarrollando la paciencia, la espera, la capacidad de conocer y entender al otro a partir del conocimiento de sí mismo; para el docente esto implica el diseño de una estrategia, anticipar una secuencia de aprendizaje que cumpla con las intencionalidades formativas de la escuela, lo que supone una preparación desde una experiencia disciplinar y pedagógica; la capacidad para crear, innovar y asumir el riesgo de improvisar cuando las condiciones así lo requieren, sin perder de vista que la improvisación proviene del conocimiento, y que desde allí se hace viable y efectiva la toma de decisiones.

Lo anterior implica que el docente se caracterice por ser un formador en permanente proceso de formación, en interacción con la comunidad académica, con su entorno específico, con sus estudiantes, sin entrar en el esnobismo intelectual y en la traslación acrítica de tendencias educativas con el ánimo de estar a la moda, pues en este afán se podría olvidar que lo fundamental es la formación y no la información, ser maestro es comprometerse con el crecimiento del otro, con su autonomía, con su humanidad.

Comprometerse con el otro y con su formación implica entender sus deseos, asumiendo que estos pueden ser diferentes de los míos, regular las expectativas y enfocar los intereses, diseñar procesos y ambientes de aprendizaje que permitan indagar, descubrir, acercarse al saber sin la tensión de lo desconocido, más bien con la mirada expectante del descubridor, permitir al otro que se interrogue, acompañarlo sin someterlo, para que un día podamos desaparecer con la certeza de que hemos contribuido a la formación de un ser intelectualmente autónomo, pues, como afirma

Guillermo Páramo (1994):

"Las personas y los pueblos parecen o son esclavos de la naturaleza o de otros hombres, cuando no son dueños intelectuales de sí mismos, porque solamente siendo intelectualmente dueños de sí mismos pueden saber quiénes son, cuál es su historia, cuál es su territorio, cuál es su universo, cuáles son sus recursos y cuáles sus necesidades" (p. 21).

Bibliografía

Ángeles Gútierrez, O. (2003). *Enfoques y modelos educativos centrados en el aprendizaje.* (Inédito).

Aronson, E., y otros. (1978). *The Jigsaw Classroom.* Beverly Hills, California: Sage Publications.

Ausubel, D., Novak, J., y Hanesian, H. (1983). *Educational psychology. A cognitive view, new cork, holt trad.* México: Trillas.

Barnett, R. (2001). *Los límites de la competencia.* Barcelona: Gedisa.

Barrios, P. (1992). *Propuesta de un programa de entrenamiento a docentes en estrategias cognoscitivas para la comprensión de lectura con niños de educación primaria.* [Tesis de licenciatura] México: UNAM Facultad de Psicología.

Bell, O. (1971). *Thinking about the Curriculum.* Oslo: Escuela general Noruega, 91.

Beltrán, J. (1987). *Aprender a aprender: desarrollo de estrategias cognitivas.* Madrid: Cincel.

Bruner, J. (1988). *Desarrollo cognitivo y educación.* Madrid: Morata.

Buron O., J. (1998). *Enseñar a aprender. Introducción a la metacognición.* Bilbao: Mensajero.

Bustos, F. (1995). *Los proyectos pedagógicos y el PEI. Serie construye tu PEI. Lineamientos para las comunidades educativas.* Año 1, No 1. Bogotá: Editorial IN-VITRO Diseño Gráfico.

Bustos, F. (1995). *Los proyectos pedagógicos y el PEI.* Bogotá: Editorial Magisterio.

Castillo A. S., y Diago C. J. (2003). *Evaluación educativa y promoción escolar.* Madrid: Pearson Educación, S.A.

Castillo A. S., y Polanco G. l. (2005). *Enseña a estudiar... aprende a aprender.* Madrid: Pearson Educación, S.A.

Delors, J. (1996). *La educación encierra un tesoro.* Madrid: Santillana.

Díaz Barriga, F., y Hernández Rojas, G. (1999). *Estrategias docentes para un aprendizaje significativo.* México: McGraw Hill.

Díaz, A. (2009). Los mapas de ideas y los procesos lectoescriturales. *Aproximación al Texto Escrito.* Editorial Universidad de Antioquia.

Duarte, J. (2011). Ambientes de aprendizaje, una aproximación conceptual. *Revista Iberoamericana de educación.* Obtenido desde, http://www.rieoei.org/deloslectores/524Duarte.PDF

Domènech, J. (2009). *Elogio de la educación lenta.* Barcelona: Editorial GRAO.

Flechsig, K. H. (1985). El catálogo de modelos didácticos de Gotinga (CMDG). *Educación: colección semestral de aportaciones alemanas recientes en las ciencias pedagógicas.* (32), 113-118.

Flórez, R. (1999). *Evaluación pedagógica y cognición.* Bogotá: Mac Graw Hill.

Frias, B., e Hinojósa, K. (2007). *Técnicas alternativas de evaluación.* Obtenido desde, www.eduteka.com

Guzmán Páez, E. (2010). *Seminario permanente de pedagogía. A propósito de la didáctica: salir del aula, entrar al aula.* Año 2, No 6. Tunja: UPTC.

González, M. (2000). *Evaluación del aprendizaje en la enseñanza universitaria.* Cuba: Editorial de la Universidad de Matanzas.

Hamayan, E. V. (1995). Approaches to alternative assessment. *Annual Review of Applied Linguistics,* 15, 212-226.

Huerta-Macias, A. (1995). Alternative assessment: Responses to commonly asked questions. *TESOL Journal,* 5, 8-10.

Hoyos, G. (2007). "Comunicación, educación y ciudadanía". *Borradores para una filosofía de la educación.* Bogotá: Siglo del hombre editores, Rudecolombia, 13-85.

Latorre, A. (2007). *La investigación- acción.* Barcelona: Graó.

López F. B., e Hinojósa K., E. (S.F.). Evaluación del aprendizaje. Alternativas y nuevos desarrollos en evaluación. Obtenido desde, www.eduteka

Medina, A., y Mata, F. (2002). *Didáctica General.* Madrid: Prentice Hall.

Medina, A., y Mata, F. (2003). *Didáctica General. Colección didáctica.* España. Pearson educación.

Meirieu, P. (2004). *En la escuela Hoy.* España: Octaedro.

Mercer, N. (2000). P*alabras y mentes. Cómo usamos el lenguaje para pensar juntos.* Barcelona: Paidós.

Ministerio de Educación Nacional. (1998). *Lineamientos curriculares. Lengua Castellana.* Bogotá: Delfín.

Mora, A., y Ferro, M. (1996). *Currículo y aprendizaje. Manual para la elaboración de elementos del currículo.* Bogotá: Santillana.

Mora, J. (2001). *Procesos Curriculares.* Cali: Universidad del Valle.

Narvaja, P. (1998- Noviembre). Cuestiones relativas a las estrategias de aprendizaje y su relación con el aprendizaje efectivo. *Primeras jornadas electrónicas sobre educación a distancia.* Buenos Aires: Ministerio de Cultura y Educación, 24-27.

Neisser, U. (1976). *Cognition and reality.* Nueva York: Freeman.

Nieto, A., y Saiz, C. (2006). *Relación entre las habilidades y las disposiciones del pensamiento crítico.* España: Universidad de Salamanca.

Novack, D., y Gowin, B. (1988). *Aprendiendo a aprender*. Barcelona: Ediciones Martínez.

Paez, R. (2009). Mito y formación: relación necesaria en la formación escolar. *Educatio 7. Revista de investigación educativa*.

Páramo, G. (1994). *Sentido Cultural de la autonomía universitaria y de la vigencia de la calidad*. Obtenido desde, http://cms-static.colombiaaprende.edu.co/cache/binaries/articles-186502_doc_academico2.pdf?binary_rand=1994

Pérez M. R., y Díez L. E. (2000). De la teoría curricular a los diseños curriculares aplicados. *Aprendizaje y curriculum*. Buenos Aires/México: Novedades Educativas, 197-246.

Perrenoud, P. (2006). *Construir competencias desde la escuela*. Santiago: JC Saenz Editor.

Sanmartí, N., y Jorba, J. (1995). Autorregulación de los procesos de aprendizaje y construcción del conocimiento. *Alambique*, 4, 59-78.

Suárez P. (2006). *Evaluación pedagógica: Implicación en la regulación del aprendizaje*. Bogotá: Observatorio Nacional de Políticas en evaluación educativa. -ONPE-. Boletín 6 y 7.

Torrado, M. (2000). Educar para el desarrollo de las competencias: una propuesta para reflexionar. *Competencias y proyecto pedagógico*. Bogotá: Unilibros.

Torres, E. (2001). *El concepto de competencia. Una mirada interdisciplinar*. Tomo I. Bogotá: Alejandría, 24, 25.

Zuleta, M. H. (2009). *Evaluación en programas basados en competencias utilizando matrices de evaluación: Rubricas*. Obtenido desde, http://www.wiziq.com/tutorial/22256-evaluaciòn

Las Autoras

Carmen Amalia Camacho Sanabria

Doctora en Educación de la Universidad Nacional de Educación a Distancia (UNED) de España. Magister en Literatura Hispanoamericana Seminario Andrés Bello, Instituto Caro y Cuervo, Colombia. Licenciada en Español-Francés, Universidad Pedagógica Nacional. Actualmente es Directora del Doctorado en Educación y Sociedad Universidad de la Salle y asesora de la Sala de Ciencias Sociales, Humanidades y Educación, CONACES (Ministerio de Educación Nacional).

Sandra Milena Díaz López

Investigadora en las áreas de educación, pedagogía y lingüística. Consultora para la formulación implementación y evaluación de currículos por competencias y por ciclos; asesora en procesos de diseño, edición y validación de materiales educativos. Trayectoria y experiencia en docencia universitaria; investigadora en el área de lingüística del Instituto Caro y Cuervo. Magister en Filología Hispánica, Consejo Superior de Investigaciones Científicas, Madrid. Magister en Lingüística Española Instituto Caro y Cuervo; Licenciada en Filología e Idiomas, Español, Universidad Nacional de Colombia. Actualmente se desempeña como profesional especializada del programa para la transformación de la calidad educativa "Todos a Aprender", Ministerio de Educación Nacional, y consultora en proyectos de evaluación y cualificación educativa.

www.ingramcontent.com/pod-product-compliance
Lightning Source LLC
Chambersburg PA
CBHW080905160726
48000CB00009B/2861